C'EST À TOI d'écrire *TA PROPRE* HISTOIRE !

Direction éditoriale : Stéphane Chabenat
Éditrice : Tiphaine Aubé
Conception graphique et mise en pages : Soft Office
Conception graphique de la couverture : olo.éditions

Les éditions de **l'Opportun**
16, rue Dupetit-Thouars
75003 Paris
www.editionsopportun.com

Jean-François Marmion

C'EST À TOI d'écrire *TA PROPRE* HISTOIRE !

Opportunéditions

À mon interprète.
Hommage à son talent dément.

Quand un vicomte rencontre un autre vicomte,
Qu'est-ce qu'ils se racontent ?
Des histoires de vicomtes !
Quand une marquise
Rencontre une autre marquise,
Qu'est-ce qu'elles se disent ?
Des histoires de marquises !
[...]
Chacun sur Terre
Se fout,
Se fout,
Des petites misères
De son voisin du dessous.
Nos petites affaires,
À nous,
À nous,
Nos petites affaires, c'est ce qui passe avant tout.
Malgré tout ce qu'on raconte,
Partout,
Partout,
Qu'est-ce qui compte en fin de compte ?
Ce qui compte surtout, c'est nous !

Quand un vicomte,
chanson de Jean Nohain et Mireille, 1935

SOMMAIRE

DEUXIÈME PARTIE

Quand tes histoires tournent au cauchemar

TROISIÈME PARTIE
Atelier d'écriture

PROLOGUE

Il était plein de fois...

Tu aimes les romans ? Les contes, les sagas, les séries ? Les fictions en général ?

Réfléchis. Qui, d'après toi, est plus doué que quiconque pour raconter des histoires ? De manière infatigable, avec une imagination débordante ? J. K. Rowling, George Lucas, Tolkien ? Victor Hugo, Alexandre Dumas, Balzac ?

En vérité, c'est chacun de nous. Par conséquent... c'est toi. Aussi. C'est toi ! Tu ne peux pas t'en empêcher. Depuis ta toute petite enfance jusqu'à tes derniers instants de lucidité, tu n'auras jamais, jamais, jamais cessé de te raconter des histoires sur ta vie, ta mort, tes parents, tes enfants si tu en as, tes potes, l'humanité, le monde, et même l'au-delà. Tu n'auras jamais cessé d'interpréter, réinterpréter, élaborer puis de disloquer, remodeler des significations, des certitudes, des métaphores. C'est un réflexe !

Donc, il était une fois... toi. Et la kyrielle de versions de toi que tu as déjà imaginées, et que tu imagineras toujours. Tu les imagines comme tu respires : inconsciemment. Alors que ta survie en dépend : c'est comme ça que tu te définis. Que tu trouves ta place, ou ta raison de vivre. Et si tu ne trouves pas ta place, alors tu te penses comme en exil, en décalage, par exemple, et c'est encore une place, c'est encore une histoire, réaliste ou non, grandiose ou pas. Et même si tu n'as pas de raison de vivre, tu te racontes bel et bien une histoire sur ta destinée maudite, l'absurdité de l'univers, la noirceur qui n'attend que de t'engloutir.

De même que tu peux prendre conscience de ta respiration et t'efforcer de la contrôler, je te propose de prendre conscience de tes histoires pour les embellir. Et même de la plus grande de toutes, celle qui constitue le Livre de ta vie. Avec son sommaire brinquebalant, inégal, et pourtant absolument unique, et qu'il ne tient qu'à toi de rendre magnifique dans les années qui te restent. Tu as tout le talent qu'il faut. Tu SAIS écrire toutes sortes de récits, en toi. Tu l'as toujours fait. À l'aveuglette. Imagine à quoi tu pourrais parvenir avec lucidité, et avec du plaisir, du jeu, de la joie ?

On y va ? Tu n'as rien à perdre. Au mieux, tu vas cesser d'écrire de façon lunatique et devenir virtuose. Au pire, tu raconteras que mon bouquin est nul et que je suis un crétin, tandis que toi, tu as vu clair dans ma médiocrité, et qu'on ne te la fait pas. Une bonne histoire pour toi, non ?

PREMIÈRE PARTIE

Comment tu écris tes histoires

(ET COMMENT TES HISTOIRES T'ÉCRIVENT)

Ce qui trouble les hommes,
ce ne sont pas les choses, mais
les jugements qu'ils portent
sur les choses.

ÉPICTÈTE

Pourquoi ton histoire, qu'elle soit glorieuse, ordinaire ou toute pourrie, est absolument unique

Oh, je ne dis pas ça pour te flatter ! Mais il n'y a pas, il n'y a jamais eu et il n'y aura jamais un autre toi dans ton entourage, ni sur Terre, ni même dans l'univers et même le multivers. Si tu as le moral dans les chaussettes (et dans des chaussettes sales, trouées, qui puent), tu te dis : « Manquerait plus que ça, qu'il y en ait deux comme moi ! » Et si tu as le moral au beau fixe, et que tu ne doutes de rien, surtout pas de toi-même, tu te dis : « Dommage, en effet, que je sois le seul spécimen de mon espèce ! L'humanité serait plus vivable ! Oh, et puis après tout… tant mieux. » Oui, tu es unique. Tout le monde a deux yeux, un nez, une bouche, mais pas comme les tiens. Tout le monde a des empreintes digitales, mais les tiennes n'appartiennent qu'à toi. Tout le monde a un ADN, une personnalité, un passé, des envies, des angoisses, des petits moments de triomphe, de honte, de mesquinerie, de sottise, de générosité, mais pas comme toi. Même si tu as un jumeau ou une jumelle, tu n'es pas sa copie conforme, et surtout pas à l'intérieur. Même si on te clonait, ton double grandirait dans son propre contexte, sa propre époque, sa propre culture ambiante, sa propre vie sociale ou sa propre solitude, se lamentant ou s'enorgueillissant d'être ta copie strictement génétique. Pour le meilleur ou pour le pire, aucun des milliards d'humains qui sont venus avant toi, aucun des milliards d'humains qui vivent en même temps que toi, aucun des milliards d'humains qui te succéderont ne sera exactement comme toi. Tu es comme les autres, puisque tu appartiens à la condition humaine, et en même temps, tu restes irréductiblement unique. Et quoi qu'il t'arrive, tu ne pourras jamais être quelqu'un d'autre. Même si tu aurais adoré être Johnny Hallyday, Elon Musk, Luke Skywalker, Marilyn Monroe, Angela Davis, Angela Merkel, George Sand ou François Hollande, tu devras souscrire à la formule d'Oscar Wilde : « Soyez vous-même, tous les autres sont déjà pris. » Toute ta vie, tu passeras par des variations sur le même toi, qui n'appartient qu'à toi.

Gardons-nous d'un contresens : être unique ne veut pas dire être supérieur. Ni inférieur, d'ailleurs. Tu es unique… comme tout le monde ! Moi aussi, je suis unique, et je ne l'ai pas fait exprès. Et crois-moi, je ne vaux pas mieux que toi. Mais pas moins non plus.

Si tu lis beaucoup de développement personnel, tu vas peut-être m'objecter que tu es toi, mais pas tout à fait. Pas encore. Que tu es un toi en devenir. En attendant de couronner ton vrai toi, tu es le toi que tu peux, un toi factice, brouillon, une ébauche, une petite forme de gâchis. Tu as un potentiel, et tu traînailles avant de l'atteindre. Si les autres t'apprécient ou te détestent, ça relève du malentendu : ils jugent un toi inachevé. Un toi acnéique, à la physionomie ingrate, mal dégorgée, une statue encore informe, mal dégrossie, une photo floue avec un bout de doigt sur l'objectif. C'est comme juger un roman, un film (une histoire, donc) d'après la couverture ou l'affiche. Le jour où tu auras accompli suffisamment d'efforts pour révéler le vrai toi, là, d'accord, on va voir ce qu'on va voir, les gens jugeront en connaissance de cause, et tu mériteras leur amour. Et s'ils ne t'aiment pas, eh bien, c'est qu'eux-mêmes n'auront pas parachevé leur vrai eux, ils auront du lait sur le nez, ils n'y connaîtront rien encore. Mais avec un peu de chance, si si, ils t'aimeront : même ceux qui, comme moi, n'apprécient guère le soleil ne peuvent nier son éclat.

Tout ça n'a l'air de rien, mais détermine une histoire essentielle de ta vie. L'histoire de qui se satisfait d'ores et déjà de son bout de jardin, ou l'histoire de qui cherche de l'or. Tu penses : « C'est comme ça. Je ne suis ni au pinacle, ni dans les égouts de l'humanité. Je suis moi, pour le meilleur, pour le pire, le plus souvent pour l'entre-deux. Je fais de mon mieux avec cette donnée incontournable. » Ou alors, tu penses : « Excusez-moi de me présenter devant vous dans cette tenue, je n'ai pas grand-chose à me mettre, il faut que je me maquille pour être plus présentable et ne pas me trouver moche quand je me regarde dans le miroir de mon âme. Vous êtes en avance, repassez dans vingt ans. » Dans ce cas, je parie que tu cherches le bonheur partout et que tu n'as pas encore compris que pour le trouver, il faut le donner.

Autrement dit, est-ce que, sans te vanter pour autant, tu t'aimes comme tu es ? Ou bien est-ce que, en te rabaissant, tu t'excuses d'être en retard sur ta vie ? Dans ce cas, ça commence quand, ta vie ? À quelle heure aura-t-on le droit de t'aimer sans que tu nous accuses d'avoir la berlue, sans que tu nous reproches de ne rien trouver à te reprocher de bien grave ? Et si c'était maintenant ?

Et si c'était depuis l'instant même de ta naissance, voire de ta conception, et que tout le monde s'en était aperçu, sauf toi ?

Les historiettes font les grandes sagas

Quand as-tu commencé à écrire des histoires dans ta tête ? Depuis que tu appris à parler, c'est-à-dire, avant toutes choses, à écouter parler ? Eh non, encore plus tôt. Tu as compris que se coincer les doigts dans une porte ou toucher le four, ça faisait mal, que maman souriait quand tu souriais, cédait quand tu piquais une colère, piquait une colère quand tu voulais la mordre, que sais-je... Les relations de causalité sont des esquisses d'histoires, des embryons, un apprentissage de lois générales, l'acquisition de réflexes conditionnés personnels et sociaux. Le squelette, le plan de ces historiettes, c'est « Si... alors... ». Si je me comporte comme ceci, alors il m'arrive cela. Et le petit toi a commencé à jouer pour tester l'étendue exacte de ces lois. « Et si je me conduis comme ça, est-ce qu'il m'arrive la même chose ? Est-ce que papa s'énerve aussi ? Est-ce que cet autre enfant me prêtera son jouet ? Est-ce que j'aurai le droit de ne pas manger mes légumes ? » Tout cela, encore une fois, avant même d'être capable de le formuler.

Les historiettes en « Si... alors... » forment ce que les psychologues qualifient de schémas conditionnels. Ce sont les armatures de tes raisonnements sur la vie. Tu n'en as pas conscience tant ils s'enracinent précocement dans l'existence, mais ce sont tes guides de conduite. Ils dictent à ton insu tes comportements pour garantir ton plaisir, au minimum ta quiétude, en évitant la survenue de la douleur physique ou de celle de déplaire. « *Si* je fais ça, *alors* j'évite la douleur / on me laissera tranquille / on m'aimera... » En grandissant, tu ne formules pas toujours ces Tables de la Loi. Loin de là. Tu sais bien que *si* tu insultes une grande personne, tu vas te faire gronder, mais c'est confusément que, par exemple, tu comptes les câlins qui te sont illico décernés *si* tu te sens souvent patraque, d'où un certain bénéfice à te penser fragile, prémices peut-être d'une peur de grandir, de te sentir incapable de devenir autonome.

Et les « Si... alors... » envahissent ton quotidien. Si tu travailles mal à l'école, alors... Si tu n'es pas sage, alors... Si tu sais deviner ce qu'on attend de toi et t'y conformer, si tu tiens les promesses que tu n'as pas formulées toi-même mais que tes parents ont, te semble-t-il, placées en toi, alors… Et indépendamment de ton cas personnel, si on se conduit mal, alors… on est puni / on n'est pas aimé / on est méchant, etc. Les proverbes, les dictons, les principes défendus par tes parents, et tes instits, et les contes, les dessins animés, les BD, forgent des « Si… alors… » à grande échelle qui déterminent comment les autres vont te juger, comment *tu* vas te juger. Qui déterminent aussi ta vision du monde : est-il juste ou absurde ? Les vilains sont-ils toujours punis ? Y a-t-il une providence, un dieu qui veilleront sur toi *si* tu remplis ta part du contrat, en l'occurrence être quelqu'un de valable, d'aimable ?

Pendant ce temps, ce que tu découvres de l'histoire de ta famille te forge aussi. Chez nous, on est comme ça. *Si* on se conduit autrement, ça ne va pas. Ton grand-père a toujours pensé comme ça, *alors* c'était quelqu'un de bien et on doit faire comme lui. Une grand-tante s'est attiré des tas d'ennuis à cause d'un comportement précis, comme quoi *si* A… *alors* B. Et tu te positionnes tout naturellement par rapport à tes ascendants. Vas-tu suivre leur lignée ? T'en écarter ? « Plus tard, *si* je travaille bien à l'école, *alors* je pourrai avoir une maison / voyager / me marier comme le font les gens bien / heureux / appréciés dans ma famille ou dans le vaste monde. » Si tu as une fratrie, tu te compares. Es-tu aussi bien que ton frère / ta sœur ? Qui est le plus aimé, qui l'est injustement, de qui suivre l'exemple, qui surpasser, comment ?

Et voici le cortège de prescriptions ! IL FAUT... JE DOIS... ÇA NE SE FAIT PAS... Tous ces impératifs[1] qui sont indispensables à ton équilibre parce qu'alors tu sais quoi faire, tu sais ce que tu vaux, ce que tu mérites, ce qui t'attend s'il y a une justice. Tu sais qui tu es. Enfin, tu crois savoir... Tu as un garde-fou, des balises. Des repères. Des indications, des panneaux clignotants, des ralentisseurs : tu peux suivre ta route. Bien que tu ignores précisément où tu vas, tu disposes d'une direction générale, tu suis un cap, et tu devrais éviter les accidents. Rester digne d'affection. De protection. D'attention. Grâce à ton répertoire d'histoires, tu devrais remplir les pages d'un honorable Livre de vie qu'à ton tour, un jour, tu pourras partager avec quelqu'un qui t'aime et transmettre à vos enfants afin qu'ils s'en inspirent.

Ta place sociale : tout un roman

Tu te racontes par anticipation des histoires sur ta profession. Tu comprends vite que te présenter sur la scène du théâtre social comme un personnage qui fait dans la plomberie, qui sauve des vies, qui crée, qui soigne ou qui fabrique, ce n'est pas la même chose. Tu ne susciteras pas chez des interlocuteurs, d'un simple mot, la même floraison de clichés. Tu ne susciteras pas le même respect instinctif et conventionnel. Depuis l'enfance,

1. Le Surmoi freudien, le Parent Normatif d'Éric Berne, la *musturbation* d'Albert Ellis... Beaucoup de psys issus de chapelles tout à fait différentes en parlent.

on te somme de penser à cette histoire-là, celle que les gens se raconteront en te croisant : « Qu'est-ce que tu veux faire plus tard ? »

Et pourtant, tu risques de changer de projet bien des fois. Tu n'embrasseras pas forcément, comment c'était souvent de mise autrefois, la même profession que tes parents. Tu bifurqueras. Peut-être parviendras-tu à un tout autre port que celui auquel auraient dû te mener tes études. Peut-être que tu changeras de métier, par choix ou à contrecœur. Tu écriras alors de nouveaux chapitres à ton histoire, de gré ou de force. Perdre ton travail ou en changer susciteront également d'autres récits de toi aux yeux des gens. Ou alors, avec le temps, tu parviendras à assouvir ta vocation. Et peut-être que la réalité ne sera pas à la hauteur de tes vieux rêves. Tu te sentiras mal à l'aise, le constat sera inconfortable : « J'ai ce que je voulais, et pourtant, ça ne va pas. Je n'y comprends rien. Du coup, je ne sais pas ce que je veux. J'ai honte en pensant à tous ceux qui aimeraient être à ma place », etc.

Ta vie professionnelle est l'un des deux grands récits de toute existence. Le deuxième, évidemment, c'est ta vie amoureuse. Là aussi, dès l'enfance, tu te projettes. Tu sens confusément quel genre de personne tu voudrais aimer, et pour toute la vie, pardi ! En grandissant, tu penses sans doute qu'il suffit d'attendre le coup de foudre, et puis tu t'impatientes, tu vas de joies provisoires en déconvenues, et tu attends encore. Et puis tu t'aperçois peut-être que la vie ne va pas forcément te mâcher le boulot, te présenter sur un plateau quelqu'un d'exceptionnel parce que sur mesure pour toi. Non, il va falloir t'engager, construire, négocier, définir la limite délicate entre affirmation de toi et renoncement pour l'autre. Tu passeras d'un conte de fées au récit de fondation, et ça durera ce que ça durera.

Et ces histoires d'amours qui vont se succéder, parfois se concurrencer dans ton cœur, te définiront aussi pour les autres. Tu seras quelqu'un qu'on aime d'amour... ou qu'on n'aime pas. Quelqu'un qui sait partir, qui sait rester, qui se laisse faire, qui gâche tout, qui collectionne les râteaux, qui papillonne, qui n'assure pas une bille, quelqu'un qui se plaint ou qui va de l'avant, dont les blessures restent béantes ou cicatrisent facilement, dont le palmarès est impressionnant sur le plan quantitatif ou qualitatif. Ou quelqu'un qui fait route sans compagnie, dans la solitude, et ce ne sera pas la même chose si tu la subis ou si tu l'as choisie (ou prétends l'avoir choisie).

Toutes ces histoires d'accomplissement intime et social s'entrelacent, s'entremêlent, se tissent, pour former la toile de fond, la coloration générale des pages supposées les plus lumineuses et les plus personnelles de ton Livre de vie. Quand on te retrouve après bien des années, quand on te demande de faire un point rapide sur ta trajectoire, les questions implicites ou explicites sont toujours : « Qu'est-ce que tu fais dans la vie ? Tu es avec quelqu'un ? Tu as des enfants ? » Que ça nous plaise ou non, ces faits-là sont les plus éloquents sur le CV personnel. Alors que ta vraie vie, ta véritable histoire, est peut-être ailleurs, dans une œuvre, un engagement, une croyance…

Rencontre et fusion des Livres de vie

Et y a-t-il rien de plus troublant, parfois, qu'apprendre à quel point tu as marqué l'histoire des autres ? Lorsqu'au détour d'une rue ou d'un réseau social, tu croises quelqu'un qui a compté pour toi, pour qui tu as compté, mais que tu avais perdu de vue, qui s'était égaré dans les limbes au hasard des changements de vie. Et voilà ce témoin d'une époque révolue, lorsque ton histoire était complètement différente… Tu as tellement changé depuis ! À la faveur de ces retrouvailles surprises avec une madeleine de Proust sur pattes, c'est avec toi que tu renoues. Comme si, à travers l'autre, tu saluais un fantôme de toi-même. Le passé renaît sous tes yeux, mais en toi également. C'est à la fois un spectacle et un voyage dans le temps. Évidemment, quelque chose s'emboîte mal : l'autre a vieilli, ses traits se sont creusés, peut-être sa silhouette s'est-elle empâtée, ou bien ses cheveux ont grisonné ou se sont clairsemés, mais les regards ne trompent pas, « C'est bien toi ! »

Dans un big bang instantané de souvenirs, tout rejaillit simultanément, le fantastique et l'anodin, souvent l'inimitablement drôle, parfois l'inoubliablement sordide. La courbure de l'espace-temps se referme sur elle-même : tu mesures le chemin parcouru comme en revenant au point de départ. Tu es ici, ailleurs, tu es maintenant, jadis. Et c'est une joie enfantine qui te submerge, comme si tu avais joué à cache-cache derrière des années. Les conventions sociales te donnent le mode d'emploi : puisque vous avez tous deux manqué les épisodes précédents, vous résumez l'essentiel en évoquant vos professions, c'est-à-dire vos signes extérieurs de réussite, et puis vos vies privées. Vous vous demandez par quelle aberration vos chemins ont pu diverger, et puis vous vous rappelez pourquoi. Ou pire encore, vous l'ignorez.

Et le trouble te prend. Que se passerait-il si tout reprenait comme avant ? Serait-ce une parodie ou une réparation ? Serait-ce vraiment encore vous deux ? Est-ce que ça vaut la peine, ou bien s'annonce-t-il préférable de vous faire des coucous épisodiques en comptant sur le hasard pour vous réunir quelques minutes ? Ces questions se posent avec presque autant d'acuité pour d'anciennes relations amicales que pour un amour de naguère, les nerfs et le cœur à vif de l'autre côté du sourire. À l'épilogue en queue de poisson d'une histoire personnelle s'ajoute le doute de concevoir une suite. Cela aurait-il un sens ? Est-ce que ce serait inévitablement moins bon ? Les protagonistes n'ont-ils pas trop vieilli ? Quitte ou double.

Le choix est d'autant plus délicat, non seulement lorsque tu sais combien votre histoire commune te fut essentielle, mais quand l'autre te confirme que tu as occupé une place particulière. Qu'après tout ce temps, tu es comme un joyau dans le bric-à-brac de son existence. Que l'eau a coulé sous les ponts, certes, et pourtant que lorsqu'il y cherche son reflet, il y trouve ton visage, trouble, déformé, lointain, mais fidèle, à la fois vestige et bonne étoile. Avoir croisé quelqu'un comme toi le console des mauvaises rencontres. Tu le hantes comme un parfum. Quoi qu'il se soit passé, c'est encore en cours. Et sans toi, son histoire aurait eu, aurait encore, un je-ne-sais-quoi de fade. Pour le meilleur et pour le pire, tu as irrigué son existence de ta présence solaire, puis crépusculaire.

Comme c'est étrange d'apprendre que l'on constitue à part entière le chapitre d'un autre Livre de vie que le sien. Quelle consécration, quelle responsabilité, quel embarras ! Surtout si la réciproque n'est pas tout à fait vraie… On se retrouve alors, le temps d'un aller-retour vers autrefois, simultanément sujet et auteur d'une œuvre à quatre mains, à deux mémoires, comme dans ces romans où la même intrigue décrite par des personnages distincts paraît tiraillée entre plusieurs réalités, écartelée par des points de vue, des sensibilités et des intérêts contradictoires, parfois défigurée, transfigurée, méconnaissable suivant l'angle adopté. Alors que s'est-il vraiment passé ? Qui a raison ? Les deux protagonistes ? Aucun ?

Ainsi donc accomplis-tu le travail de ce qu'on qualifiait autrefois de nègre littéraire, c'est-à-dire que tu écris pour d'autres. Tu annotes leur récit de vie. La différence est que tu ne le sais même pas.

Ce que dicte la société

Mais en dehors de tes grands choix de vie, à côté de ce fleuve tumultueux qui attire l'œil et l'attention lorsque tu parles de toi, de multiples histoires souterraines plus ténues, de simples filets d'eau parfois, viennent grossir le flot ou dévier le cours de ton histoire principale : de multiples influences subliminales se jouent dans tes rapports aux autres suivant l'impression que tu dégages, mais aussi le regard que tu leur portes et les stéréotypes qui t'imprègnent à ton insu.

Les stéréotypes ont l'art de générer des historiettes en un clin d'œil. Qu'un inconnu se présente et, par son genre, son âge, sa couleur de peau, son accoutrement, éventuellement son titre, des récits tout prêts se bousculent sur son compte à ton esprit : c'est quelqu'un de bien ou non, d'agressif ou pas, d'exemplaire ou de répulsif, digne de toi, extraordinaire ou médiocre. Les stéréotypes sont aussi performants pour fluidifier que pour gripper les rapports sociaux[1] : ils te suggèrent ta conduite vis-à-vis d'autrui, en même temps qu'ils réduisent ta marge de manœuvre. Dans les groupes, ils génèrent une agréable atmosphère d'entre-soi ou l'envie taraudante d'exclure ou persécuter un indésirable. La psychologie sociale a même isolé un phénomène qualifié de « menace du stéréotype ». C'est-à-dire qu'à ton insu, tu as tendance à te comporter conformément aux

---

1. Jean-Baptiste Légal & Sylvain Delouvée, *Stéréotypes, préjugés et discrimination*. Dunod, 3e éd., 2011.

clichés dont tu peux faire l'objet. L'expérience a été faite à plusieurs reprises. Il suffit de dire à des étudiants noirs qu'habituellement les Blancs réussissent mieux à un examen, pour que le stress ou la colère altèrent bel et bien leurs résultats. La même chose vaut pour les femmes avant une épreuve de mathématiques, par exemple : leurs notes seront moins bonnes si on explique en distribuant les sujets que les hommes font de meilleurs scientifiques que si on ne dit rien. L'effet existe bel et bien, léger mais importun[1].

Lutter contre les stéréotypes qui te collent à la peau peut constituer un excellent moteur. Si je te prédis une vie de misère eu égard à tes origines, peut-être que tu feras tout pour me donner tort, et qu'en espérant un beau jour me moucher publiquement, tu vas t'investir corps et âme pour t'assurer une réussite sociale indiscutable. On se détermine largement autant pour déplaire à certains que pour plaire à d'autres. On se construit autant à partir de contre-exemples que d'exemples. Les héros, les modèles t'inspirent, certes, mais ceux que tu juges à tort ou à raison comme de piteux *losers* ou de fiers nigauds s'avèrent également prodigues en enseignements : simplement, ces gens déboussolés te montrent la direction à éviter. Et tu mets parfois plus d'énergie à te

1. Oren R. Shewach, Paul R. Sackett & Sander Quint (2019). « *Stereotype threat effects in settings with features likely versus unlikely in operational test settings: A meta-analysis.* » *Journal of Applied Psychology,* 104 (12).

différencier d'eux qu'à cultiver les qualités des rares élus qui t'impressionnent sur le plan moral ou intellectuel.

Les histoires circulaires

Parmi les histoires, les « histoires drôles » plus précisément, que j'adore et que je cite souvent, se trouve celle-ci, popularisée par Coluche dans les années 1980 alors qu'on commençait à peine à parler du réchauffement climatique. Navré si tu la connais déjà.

C'est l'histoire d'un mec, un trappeur, qui coupe du bois en prévision de l'hiver. Sur le chemin du retour, alors qu'il tire ses bûches sur son traîneau, il avise un vieux chef indien assis en tailleur au bord du chemin. Il lui fait :

« Oh, Grand Sage, toi qui as de l'expérience, peux-tu me dire si l'hiver sera rude ?

— Oui, répond le vieil Indien, hiver rude ! »

Bon. « Par précaution, songe le trappeur, je vais couper un peu plus de bois. » Il fait demi-tour, amasse des bûches supplémentaires sur son traîneau, puis repasse devant le vieil Indien.

« Tu es sûr que l'hiver sera rude ?

— Oh là là, oui ! Hiver très rude, très rude ! »

Le trappeur, effrayé, mais se sentant chanceux de se voir ainsi averti, refait encore demi-tour, coupe encore plus de bois, a finalement un mal de chien à transbahuter son traîneau surchargé. Quand il repasse péniblement devant l'Indien, celui-ci s'écrie spontanément :

« Oh là là, hiver vraiment rude ! Vraiment très, très, très, très rude ! Hiver le plus rude de tous ! »

Le trappeur pose la question qui tue :

« Mais qu'est-ce qui te fait dire que l'hiver sera si rude, à la fin ?

— Parce que chez nous, proverbe dire que quand homme blanc coupe du bois, l'hiver sera rude ! »

Tel est le principe de circularité décrit par l'école psychologique dite de Palo Alto, méticuleuse exploratrice, avec causticité, de la communication ordinaire dans les conversations, particulièrement familiales, et même les échanges non verbaux[1]. Le problème n'est pas chez l'Indien, ni chez le trappeur, mais dans leurs relations, qui ne font qu'amplifier un malentendu. En somme, chacun se construit des histoires sur l'autre. Le trappeur perçoit l'Indien non comme un simple badaud ordinaire, mais comme un privilégié disposant d'un savoir ancestral et mystérieux sur les lois de la nature… alors que l'intéressé se contente d'observer ce qu'il a sous les yeux, en l'occurrence un trappeur qui ne cesse de couper du bois comme s'il devait ne jamais en entreposer assez pour se chauffer. L'Indien décrypte le trappeur comme quelqu'un de pragmatique, qui sait ce qu'il fait, et qui ne peut pas indéfiniment couper du bois sans bonne raison. L'histoire qu'ils se racontent l'un à propos de l'autre dévoie leurs relations.

1. Paul Watzlawick & John H. Weakland. *Sur l'interaction*. Points, 2004.

La blague illustre aussi un autre principe de l'école de Palo Alto selon lequel « le problème, c'est la solution ». C'est-à-dire que lorsque quelque chose nous tracasse, nous avons tendance à chercher un expédient qu'en cas d'échec nous reproduisons pourtant sans cesse, avec toujours plus d'énergie, ne faisant que nous enferrer. Au point que nos tentatives de solutions successives créent de nouveaux problèmes plus graves encore. Le centre de gravité du stress se déplace ainsi d'une source précisément circonscrite à un malaise exponentiel et diffus : l'interrogation sur l'hiver donne lieu à des séances de coupage de bois toujours plus frénétiques, jusqu'à empêcher le déplacement du traîneau et à épuiser physiquement et psychologiquement le bûcheron. Sans compter que l'Indien, lui aussi, doit finir par avoir des sueurs froides à force d'anticiper un hiver cataclysmique !

La blague verse dans un absurde qui se termine bien, mais au quotidien, il n'en est pas toujours ainsi. De même que, sur les réseaux sociaux, les réactions radicales et disproportionnées à un événement ou à un problème deviennent parfois elles-mêmes un nouveau problème plus préoccupant que le premier, les histoires que nous nous racontons automatiquement les uns sur les autres conditionnent aussi bien nos réactions que celles d'autrui, et, en jetant de l'huile sur le feu, nous donnent de la matière pour d'autres histoires encore. C'est l'effet papillon, où un détail insignifiant prend des proportions telles que la situation échappe à tout contrôle.

Les prophéties autoréalisatrices

Autre phénomène largement étudié par Palo Alto : comment l'histoire de ton passé détermine ton avenir. Par exemple, tu te crois être quelqu'un qui ne va pas vers les autres parce que tu t'en empêches, ruminant et grossissant avant tout tes expériences les plus éprouvantes : personne n'a voulu danser avec toi pendant une soirée importante, ou bien on ne t'a pas annoncé qu'il y avait une fête à laquelle tout le monde était convié sauf toi, ou bien encore tu as lancé des plaisanteries qui sont tombées à l'eau, tu as eu honte devant tout le monde et tu n'as jamais recommencé… À moins qu'en général tu ne trouves les autres plus beaux, plus drôles, plus bêtes ou plus intelligents que toi, et que tu en tires les conséquences en décrétant que vous n'êtes pas faits pour être ensemble. Et pourtant, tu oublies toutes les fois où ça s'est bien passé, où ta mémoire n'a pas cru bon de sortir son carnet noir pour consigner tes piteux exploits. Tu te programmes ainsi pour croupir dans ta solitude ! Tu te trouves dans un endroit public, mais en vertu du fil directeur présumé de ton histoire, tu ne vas pas vers les autres. Ainsi, on ne te remarque pas ! Ou bien on te remarque précisément parce que tu te tiens à l'écart : on attribue ton attitude à du dédain et non à de la pudeur. Ou bien on imagine que tenir une conversation avec toi doit relever de la coloscopie[1]. Du

1. Tu remarqueras, j'espère, que je n'ai pas toujours l'étoffe d'un poète.

coup, on te laisse dans ton coin. Et tu as tout loisir de te morfondre et de te gargariser, avec un goût amer dans la bouche, de la pertinence de tes analyses : « J'avais raison, personne ne cherche à m'approcher. Comme quand j'étais ado. C'est comme ça. Ça ne change pas. Ça ne changera jamais. » Les histoires que tu te racontes sur toi-même à propos de ton passé, tes souvenirs plus ou moins fidèles et sélectifs, revêtent ainsi des propriétés autoréalisatrices.

Je me souviens encore de la toute première patiente à laquelle j'ai eu affaire en tant que psychologue stagiaire. Je lui demandai de se présenter. Avant même de me dire son nom, elle me répondit : « Je suis obèse, dépressive et dépendante. » Elle se définissait donc par ce qu'elle trouvait indésirable en elle. « Ça ne devrait pas être moi, ce sont des choses dont je voudrais me débarrasser, mais dont je me prévaux d'emblée. Je me présente précisément comme ce qu'au fond de moi je ne suis pas », aurait-elle pu ajouter. Ce qui nous fait toucher du doigt l'ambiguïté du diagnostic psychiatrique, parfait pour savoir de quoi on parle entre médecins, commode pour établir des statistiques, néanmoins réducteur pour une personnalité humaine et une trajectoire singulière qui ne sont jamais conformes à la description typique d'un syndrome. Avec un diagnostic, on se sert d'une histoire passée pour te prédire la suite, mais en voulant à tout prix t'empêcher de la vivre : « Tout s'explique, à ton insu. Tu es schizophrène, et tu vas mener une vie de schizophrène dont on va essayer de te détourner pour ton bien. »

Pour moi, la patiente n'était ni obèse, ni dépendante. Mais tu penses bien que face à la parole d'un psychiatre installé, moi, psychologue (et stagiaire ! et préférant d'autres théories sur le psychisme !), j'étais prié de me faire oublier. Tu imagines les conséquences d'un diagnostic erroné dans ton cas particulier, ou discutable d'un point de vue scientifique comme le sont absolument tous ceux qui prétendent rendre compte d'un trouble psychique ? Méfiance : une histoire peut te reconstruire aussi bien que te détruire. Et un mot, un détail peuvent générer une fiction qui aura des conséquences majeures dans ton existence. En société, en psychiatrie, en amour même !

L'effet de halo, un gros bavard

L'effet de halo ne concerne pas les anges au paradis, mais, souvent, il en crée ici-bas. Il désigne en psychologie le processus inconscient qui veut que quelqu'un te faisant bonne impression se voie, dans le même élan, pourvu de toutes les qualités intellectuelles et morales. En clair, un inconnu qui te paraît sympathique est tout de suite jugé intelligent, fiable, compétent, drôle, et j'en passe. L'élément jouant le plus en sa faveur ? Son physique[1]. Tu peux jurer tes grands dieux que c'est la beauté intérieure qui compte, encore faut-il nourrir

1. Jean-François Marmion (dir.), *Psychologie des beaux et des moches*. Sciences Humaines, 2020.

l'envie d'aller la déterrer. Tu ne trouveras, du reste, jamais plus grande beauté intérieure qu'à quelqu'un qui te frappe positivement par son apparence… Ce qui est beau est bon (*kalos kai agathos*, adage athénien toujours valable), et le ramage se rapporte au plumage, évidemment : à l'instant même où tu rencontres quelqu'un ou que tu vois sa photo, tu t'inventes donc toute une série de contes à son sujet. Les raisons de le fuir ou de le fréquenter affluent. Avec le temps, bien sûr, ton opinion s'affine. Tu nuances. La personne te paraît peut-être moche mais gagne à être connue, la personne te semble peut-être belle mais sa conversation est décevante : tu es capable de te raviser, encore heureux. Mais… pas tant que ça. La première impression est une dynamique qui ne s'inverse pas si aisément. Tu dégaines ton expertise, tu juges d'un claquement de doigts, et tu persistes, par amour-propre, paresse ou désintérêt[1]. Les jeux sont faits, presque toujours.

Cet accélérateur et bétonneur de jugements est un sérieux coup de pouce à l'amour. Sans effet de halo, comment la cristallisation stendhalienne qui nimbe le désir naissant d'une aura de roses et de diamants se développerait-elle ? D'un détail, on se peinturlure une fresque. D'une tache de Rorschach, on se barbouille une chapelle Sixtine en trois couches. « L'imagination au

---

1. Marie-France Agnoletti. *La Perception des personnes. Psychologie des premières rencontres*. Dunod, 2017.

pouvoir ! », qu'ils disaient en 68. Au niveau individuel, c'est fait depuis longtemps.

Et ton corps à toi, alors ? Il a beau demeurer, pendant toute ta vie, la réalité la plus immédiate, la plus indiscutable, la plus permanente, lui aussi sert de prétexte à quantité d'histoires. Tu ne te trouves jamais assez jeune, ou bien tu fais la grimace à cause de quelque chose de moche, qui n'est pas assez gros, pas assez mince, lisse, musclé, ou bien tu voudrais ressembler à quelqu'un d'autre… Et tu crois que les gens ne remarquent que ça, qu'ils te balanceraient bien illico presto, instantanément, dans le dépotoir de leur mémoire, ou qu'ils te jetteraient volontiers des pierres. En tout cas, à toi, ça ne t'échappe pas, et l'effet de halo joue sur la perception que tu as de toi-même et les récits qui en découlent : « Quelqu'un qui se laisse aller comme moi ne peut pas être aimé… Qui pourrait trouver jolis mes bourrelets / mes côtes apparentes ?… Comment attirer quiconque avec un regard aussi bovin / un nez si laid ?… Impossible d'inspirer le respect avec cette taille / ce tour de hanches / cette peau / ces dents / ces traits asymétriques / ces cheveux », et bla bla bla, je te laisse compléter suivant ton cas personnel. Alors tu hésites à aller vers les autres, tu ne parais pas à l'aise, tu t'exclus d'office… Et déboule une prophétie autoréalisatrice, l'histoire fausse qui ne devient vraie que parce que tu y crois.

Huit milliards d'énigmes

Tu ne perçois donc jamais d'autrui que la partie émergée de l'iceberg, dont tu tires des conclusions hâtives sans avoir la curiosité de vérifier. Tu supposes que sous la surface se dissimulent le plus souvent des immondices, ou bien du vide, du creux, plus rarement des trésors, tout à fait exceptionnellement un autre toi-même (l'amour n'est alors pas très loin).

Stéréotypes et biais sont à l'œuvre au quotidien, dans la rue, au travail, où des observateurs bigleux mais se prenant pour des aigles se jaugent, se jugent, se cataloguent, s'étiquettent, glosent les uns sur les autres, et se racontent des histoires brossées à grands traits qui ne s'affineront qu'en prenant le temps de se connaître et en s'autorisant à corriger les erreurs. Pour l'heure, il suffit de prêter un minimum d'attention à ces inconnus que tu croises par centaines tous les jours pour que la machine à écrire des histoires s'emballe. Celui-ci n'a pas l'air très fin, celle-là doit être bien seule, cet autre est prétentieux et inintéressant... Et en voiture, donc ! Cette enclume n'avance pas, toute sa vie doit être minable, qu'elle ne s'amuse pas à descendre de sa poubelle en même temps que toi sinon tu vas lui dire ta façon de penser et la mettre face à sa nullité crasse. Et sur le Net ! Ce neuneu raconte n'importe quoi, son pseudo est grotesque, il fait des fautes d'orthographe, il ne devrait pas avoir le droit de s'exprimer, encore moins de vivre...

Dans le fond, tu n'as aucune idée de qui sont ces humains à l'horizon. De ce qu'ils sont capables de faire dans l'horrible (« Un si charmant voisin, on ne l'aurait jamais soupçonné d'être un assassin... ») comme dans le sublime (voir les « Justes parmi les Nations[1] » prêts à sauver d'innocents inconnus au péril de leur vie, comme l'a fait ma grand-mère Lucienne sans jamais s'en vanter, au point que j'ai appris par hasard qu'elle avait hébergé une jeune Juive pendant l'Occupation).

Le Livre des autres, trop vite feuilleté

Nous avons tendance à oublier que tout être a une histoire aussi intéressante que la nôtre. C'est frappant dans les maisons de retraite ou les EHPAD, où des gens souvent avachis, parfois divagants, nous paraissent vite des caricatures d'êtres humains n'ayant rien à dire, plus rien à faire, et n'ayant même jamais vécu. Car la puissance des histoires qu'on se raconte sur des inconnus à la faveur d'une première impression est telle que nous sommes tentés de généraliser à l'ensemble de leur existence passée le sous-régime actuel auquel carburent les plus âgés. Comme s'ils étaient nés vieux et inactifs. Effet de halo, évidemment, encore et toujours.

1. Même s'ils ne représentent certes pas la majorité, on trouve des Justes parmi les Nations dans tous les conflits. Sur le génocide rwandais, lire par exemple Jacques Roisin. *Dans la nuit la plus noire se cache l'humanité*, Les Impressions nouvelles, 2017.

Pourtant, il suffit de tomber sur une photo de jeunesse pour que leur histoire de vie ressuscite, en filigrane. Adolescents ou jeunes adultes, ils étaient manifestement curieux de tout, chahuteurs, bons vivants, parfois désirables, et nous comprenons à retardement que ces décatis, ces chenus ont connu leur propre part d'expérimentation, d'errance, de fous rires sur cette planète. Ils ont traversé leur propre histoire dont l'épilogue déliquescent ne doit pas nous faire occulter la richesse. Parmi les très vieux d'aujourd'hui se trouvent d'anciens rockers ou d'anciens punks qui se sont révoltés, ont dansé, et dont certains ont vécu le déchaînement de la liberté sexuelle et l'expérimentation pionnière des drogues[1]. Nous serions ébahis de savoir quelles frasques se sont autorisées ces papys et mamys dont nous ne subodorons pourtant qu'une carrière de légumes en ligne droite. La connaissance de leur histoire métamorphoserait notre regard sur eux et ouvrirait le dialogue. Malheureusement, c'est au moment où nous pouvons nous montrer le plus réceptifs à leurs histoires que les intéressés les oublient, ou échouent à les raconter à force de revenir sans cesse sur les mêmes anecdotes.

C'est fou comme on se sent dispensé de s'intéresser aux histoires des autres, ne serait-ce que parce qu'on croit toutes les deviner, alors même qu'on ne les a pas

1. Tiens, lis-moi la BD de Romain Dutreix, *Allegretto Deprimoso* (Fluide Glacial, 2014). Tu t'y bidonneras sévère devant une maison de retraite pour vieux rappeurs gâteux.

vécues. De l'extérieur, on comprend ce que c'est qu'être amoureux. Ou de se marier. Ou d'avoir des enfants. De tomber gravement malade. Frôler la mort. Devenir célèbre. Se faire physiquement agresser. Tout perdre. Évidemment, notre petite idée vaut à peine d'être qualifiée de grossière approximation : la mort d'un proche, la naissance d'un enfant, le changement de statut social, la rencontre avec Dieu, tous ces grands changements possibles dans une vie, tous les nœuds de l'intrigue ne peuvent pas plus être compris en tant que témoins que tu ne peux savourer une recette inédite en parcourant la liste des ingrédients. Je me souviens, par exemple, de mon regard sur les parents anonymes qu'il m'arrivait de croiser en faisant une pause sur une aire d'autoroute. Ils semblaient avachis, vaincus, résignés à donner le biberon à leur malheureux chiard geignard, au long d'un trajet interminable. Une petite histoire germait spontanément en moi pour me souffler qu'ils étaient malhabiles, ne savaient pas s'y prendre, et que je saurais m'épargner ce genre de désagrément. Bien sûr, je me suis à mon tour retrouvé épuisé sur une aire d'autoroute, à prendre mon mal en patience et faire ce que je pouvais, en me languissant d'un sourire de compassion à la ronde. Quand tu n'as pas d'enfant, tu te dis toujours que tu te débrouilleras mieux que les autres. Et puis quand tu en as, tu fais de ton mieux, et à Dieu vat !

Le B.A.-BA des biais

L'effet de halo est l'un des innombrables phénomènes qui, en t'épargnant de faire appel à ta raison, tirent des conclusions précipitées sur les autres à ta place. Les histoires ne naissent pas *ex nihilo* par l'opération du Saint-Esprit : non seulement les livres, la culture ambiante, tes parents, tes amis contribuent à les écrire, mais ton cerveau lui-même est paramétré pour te mâcher le travail. Il raffole des stéréotypes, qui imprègnent ton environnement culturel, mais aussi des biais cognitifs, ces raccourcis de la pensée qui te permettent de vivre au jour le jour sans trop te poser de questions, en générant par conséquent le moins de stress possible[1]. Grâce aux stéréotypes, tu te contentes de surfer sur l'écume des événements sans te sentir dans l'obligation de plonger en eaux troubles, dans la complexité vaseuse de leurs causalités et significations. Les biais, eux, te permettent de distordre les détails de la réalité pour les faire entrer dans ta grille de lecture. Tu disposes ainsi d'un cadre de pensée structuré par tes schémas inconscients et les règles générales que tu en as tirées sur le monde, et les biais cognitifs font en sorte que tes observations et conclusions s'adaptent au cadre sans que tu sois obligé

---

1. Les biais cognitifs appartiennent à ce que le psychologue et prix Nobel d'économie Daniel Kahneman appelle le système 1 de la pensée, ou circuit rapide, par opposition au système 2, ou circuit lent. Voir *Système 1 / Système 2. Les deux vitesses de la pensée*, Flammarion, Champs, 2016.

de le redimensionner et le rafistoler sans cesse, de le distendre au risque de le rompre.

L'un des biais les plus actifs, un véritable rouleau compresseur, est le fameux biais de négativité qui te fait sélectionner et ruminer ce qui va mal en toi ou dans ton environnement. De toute la palette de couleurs du quotidien, tu ne retiens goulûment que le noir, dont tu barbouilles tout le reste en te prétendant réaliste, lucide, appelant un chat un chat et te targuant de ne te bercer d'aucune illusion au point de sembler creuser toujours ta propre tombe.

Autre biais majuscule, le biais de confirmation. Là encore tu sélectionnes, tu passes au tamis tout ce qui t'entoure, pour laisser filer ce qui te dérange et retenir ce qui te donne raison. Tu fréquentes les gens qui pensent comme toi, tu parcours les articles qui pensent comme toi, tu bouquines ce qui ne te choque pas trop. Ce qui va à l'encontre de ton point de vue est nié, minimisé, ridiculisé, anathémisé.

Et des biais, il y en a tant d'autres ! Le biais d'optimisme qui te fait croire que les histoires les plus horribles n'arrivent jamais qu'aux malheureux spécifiquement poursuivis par la poisse, le biais d'impunité qui te fait juger que les petites entorses au règlement sont plus justifiables pour toi que pour d'autres et ne pourraient te valoir aucune réprobation… Il en existe des dizaines, qui peuvent se combiner entre eux : le biais de confirmation travaille main dans la main avec le biais de négativité pour te faire confirmer que tout n'est décidément que négatif et qu'il n'y a aucun espoir.

Ces automatismes te soufflent en permanence à l'oreille que tu as tout compris, que tu n'as pas à te remettre en question. Même le pessimisme finit par te donner satisfaction : tu te consoles parfois de ton malheur en le saluant comme le prix à payer pour ta clairvoyance.

Quand tu tombes par terre, cherche pas : c'est la faute à Voltaire

Qui (ou qu'est-ce qui) est responsable de ce qui t'arrive ? Ta réponse correspond à ce que les psychologues appellent ton « locus de contrôle ».

Es-tu responsable des événements ? Dans ce cas, ton locus de contrôle est *interne*. Tu peux agir et idéalement, tu te sens capable de le faire avec efficacité[1]. Ou bien penses-tu que les choses ont toujours tendance à t'échapper ? Alors, le locus de contrôle est *externe*. Ce n'est pas toi, mais les autres ou les règles du jeu qui vont décider de l'épilogue. Ton estime de toi, ta confiance en toi font évidemment que tu t'attribues plus ou moins le contrôle des événements. Comme chez tout le monde, ta complaisance te fait souvent attribuer une cause interne à tes réussites (tu as tendance à te donner le beau rôle en

1. Albert Bandura. *Auto-efficacité. Comment le sentiment d'efficacité personnelle influence notre qualité de vie*. De Boeck, 2019.

cas de succès), et une cause externe à tes échecs (ça a mal tourné, mais tu n'y es pour rien). Tu réussis donc par ton talent, tandis que si tu échoues, tu n'y es pas pour grand-chose. Et tu inverses spontanément le processus quand il s'agit des autres ! Quand ils réussissent, c'est de la chance mais ce n'est pas forcément mérité, tandis que lorsqu'ils échouent, c'est qu'ils ne sont pas à ta hauteur : tu sous-estimes le locus de contrôle externe des autres, qui s'en sortent par hasard et ne laissent fatalement à désirer que parce qu'ils le veulent bien (on appelle ça « l'erreur fondamentale d'attribution »).

Les tribunes d'un stade offrent de superbes démonstrations de l'erreur d'attribution, lorsque tu t'identifies à ton champion ou ton équipe : « on » a gagné parce qu'« on » est les meilleurs, mais si les autres l'emportent, c'est parce que l'arbitre est corrompu, ou, comme dans *Astérix aux Jeux olympiques*, parce que le terrain est trop lourd. Malheureux joueurs auxquels les spectateurs ne trouvent pas d'excuses : s'ils ont perdu sans qu'on puisse incriminer le mauvais sort, par exemple parce qu'ils ont commis quelques bourdes indéniables, alors c'est l'hallali. Pas de quartier ! « On » n'a pas gagné, mais « on » n'a pas perdu : « ils » ont perdu, ce n'est plus « nous » ! Nous, spectateurs, aurions fait tellement mieux à leur place ! Ils ne nous représentent pas plus que ne le font les députés à l'Assemblée nationale. Ils échouent par leur faute, puisqu'on ne se reconnaît plus en eux.

La rationalisation, ou l'histoire après coup

J'aime beaucoup les expériences de psychologie sociale mettant en lumière ce qu'on appelle le processus de rationalisation. C'est-à-dire que nous croyons tous agir pour nous conformer à nos valeurs et consécutivement à nos choix, alors que nous présentons l'amusante tendance à agir d'abord, sans réfléchir, puis à nous justifier après, quitte à redéfinir nos valeurs au passage en niant qu'elles aient jamais pu être différentes, et à inventer rétrospectivement des décisions que nous n'avons jamais prises. Par exemple, la manipulation positive ou *nudge* consiste à nous inciter à un comportement tout en nous laissant la liberté de nous y montrer réfractaires, ce que nous ne faisons guère si nous nous sentons respectés et traités avec diplomatie[1].

L'exemple le plus trivial et le plus éloquent est celui des mouches peintes au fond des urinoirs pour hommes. Si tu placardes partout, dans des toilettes publiques, des pancartes pour inviter ces messieurs à viser juste sans projeter des gouttelettes partout, tu peux parier que bon nombre d'entre eux s'amuseront à saccager l'endroit en le maculant de leur précieux fluide corporel. C'est ce qu'on appelle la « réactance » : si tu essaies de me forcer, je résiste. Je fais ce que je veux ! Non mais alors ! Mais si tu te contentes de peindre la mouche au fond

1. Richard Thaler & Cass Sunstein. *Nudge*. Vuibert, 2022. Richard Thaler, comme Daniel Kahneman, est un psychologue qui a décroché le Nobel d'économie.

de l'urinoir, ces admirables tireurs d'élite s'amuseront à faire pipi dessus. Ils sont libres de rester crados, mais là, ils ne le feront pas.

Le *nudge* s'est infiltré un peu partout dans notre quotidien. Les espaces publics sont de plus en plus souvent aménagés de façon à réguler le flot de badauds : par exemple, la hauteur des marches et l'alternance de couleurs dans leur revêtement nous incitent à franchir des escaliers plus ou moins vite. Libre à nous de ralentir mais, pris dans le flot de l'instant présent, nous n'y pensons même pas. Par défaut, beaucoup d'appareils électroménagers lancent leur programme en mode économique. Ça se présente ainsi, ça ne nous dérange pas, nous n'y réfléchissons pas, et après coup nous nous disons préoccupés par l'écologie : la preuve, notre lave-vaisselle tourne toujours en mode économique ! Alors, hein !

Au fil des ans, tu peux développer une conscience écologique à force de réflexion puis, en conséquence, décider de faire preuve d'un peu de militantisme. Mais le plus efficace est encore de te faire accomplir, en toute liberté surtout, un acte anodin qui t'aidera à te justifier comme écolo. On n'a pas attendu que la population soit sensible au tri sélectif pour le proposer partout, non, on l'a d'abord proposé partout et à force de le pratiquer, les gens se reconnaissent écolos : « Ah, moi, je fais des petits gestes pour la planète ! Par exemple, je trie mes déchets ! C'est parce que j'y crois ! » Mais oui : tu *finis* par y croire.

Dans un collège près de chez moi, une action de sensibilisation au harcèlement a consisté à inviter tous les élèves à venir habillés en bleu et à leur demander de poser (de leur plein gré) dans la cour en formant, par leur disposition dans l'espace, les lettres N, A, H, pour « Non Au Harcèlement ». Ils se sont donc tous exprimés en groupe, publiquement, en se faisant photographier pour prendre les parents à témoin. Ainsi, ils ont ostensiblement condamné le harcèlement, et, pour mettre leurs idées en accord avec leurs actes, vont se réguler entre eux et y réfléchir à deux fois avant de s'en prendre à un bouc émissaire. Le problème ne sera pas miraculeusement réglé, mais les chances de le voir survenir devraient sérieusement diminuer. Nul doute que l'administration du collège blêmirait en apprenant que de telles initiatives sont dérivées de techniques de manipulation, mais bien orientées. Quelle infamie ! Et pourtant, les seules campagnes de sensibilisation portant sur les discours et la persuasion restent bien davantage lettre morte. Il faut faire agir, avant tout, même symboliquement.

Toujours, tu prétends : « Je suis comme ça, donc j'ai fait ça », et pourtant la psychologie nous enseigne que l'inverse est encore plus vrai : « J'ai fait ça, donc je suis comme ça. »

L'interprète, celui qui murmure à ton oreille

Une expérience sidérante de neuropsychologie révèle combien notre cerveau s'avère être décidément un extraordinaire romancier. Il faut remonter en 1962 pour le comprendre. À l'époque, on combat les crises d'épilepsie comme on peut. C'est-à-dire parfois en coupant les ponts entre les deux hémisphères cérébraux pour éviter qu'une crise dont le foyer se trouve dans l'hémisphère gauche se propage dans le droit, ou réciproquement. On circonscrit donc les dégâts à un seul côté du cerveau.

Mais comment couper les ponts ? En sectionnant ce qu'on appelle le corps calleux, une structure nerveuse reliant les deux hémisphères. Ledit corps ne sert à rien, c'est tout au plus une espèce d'arc-boutant en plein cœur du cerveau. Du moins le croit-on alors... On en veut pour preuve qu'aucun des patients auxquels on a tronçonné le corps calleux ne présente de troubles psychiques ou comportementaux après l'opération. Sauf que Michael Gazzaniga, étudiant en psychologie, stagiaire au Caltech (California Institute of Technology), entend en avoir le cœur net. En interrogeant plus finement que d'habitude un patient convalescent, il fait une découverte totalement inattendue qui va lancer sa carrière de manière fulgurante[1].

Tu as dû souvent lire que le cerveau gauche est voué au langage, et le droit à l'émotion. Il faut se méfier de ce genre de dichotomie trop commode : le cerveau gauche est par exemple prééminent pour le langage, mais le droit s'en occupe aussi pour tout ce qui concerne la

---

1. Michael S. Gazzaniga. *Le Libre Arbitre et la science du cerveau*. Odile Jacob, 2013.

prosodie, c'est-à-dire l'émotion véhiculée par les mots, le second degré, la communication implicite. Toujours est-il que Michael fait en sorte que certaines informations visuelles parviennent au cerveau droit du patient, mais pas au cerveau gauche. Le cerveau droit perçoit ainsi quelque chose que le cerveau gauche ignore (je te passe les détails techniques de l'expérience). La perception par le seul cerveau droit déclenche ici une émotion. Gazzaniga demande au patient d'expliquer sa réaction, pourquoi il s'est mis à rire, s'est senti gêné... Le quidam est bien obligé de répondre par des mots, avec son cerveau gauche qui, je te le rappelle, n'est au courant de rien. La logique voudrait qu'il dise : « Je ne sais pas... Je ne comprends pas... Quelque chose m'échappe. » Or, ce n'est jamais le cas. Le cerveau gauche a beau être ignorant, il produit spontanément une explication plausible à laquelle le patient va croire de bonne foi.

Par exemple, on présente l'image d'une femme nue au cerveau droit, le patient se tortille nerveusement sur sa chaise avec un rire crispé, on lui demande ce qui lui arrive, et par l'intermédiaire du cerveau du langage, il répond : « C'est vous qui me faites rire, avec vos expériences », ou « avec votre vieux pull », ou ce que tu voudras. Le cerveau droit sait, mais il ne peut rien dire. Le cerveau gauche ne sait pas, mais ne sait pas qu'il ne sait pas, et fait son boulot : il raconte une histoire pour expliquer la réalité. Quelque chose en lui fait office d'*interprète*. Mine de rien, cette expérience vaudra l'attribution d'un prix Nobel. Pas à Michael, mais à son chef de laboratoire, le neurologue Roger Sperry. Eh oui, c'est comme ça.

Tu vois sans peine toutes les questions que ça soulève. Ton interprète intervient-il à chaque instant, à ton insu ? Fait-il feu de tout bois, ou ne se manifeste-t-il qu'en cas d'incident apparent, quand quelque chose ne tourne plus rond, ne s'explique plus, paraît relever d'une logique sous-jacente que ta raison routinière seule ne saurait décrypter ? Est-ce l'interprète qui préserve ton interprétation de ta personnalité, ta destinée, tes amours, tes croyances ? Est-ce l'interprète qui te raconte la belle et folle histoire du monde lorsque tu t'imagines y comprendre quelque chose ? Est-ce le conteur, le griot, le mythologue qui te révèle des métaphores à propos de ce que tu vis, et que tu prends au pied de la lettre pour mieux dormir ? Est-ce un baratineur ? Quelle que soit ta réponse, méfie-toi, surtout si elle se veut catégorique : ton interprète est en train de la dicter. En tout cas, si le monde est un théâtre, c'est souvent lui qui te souffle le texte que tu crois inventer. D'un interprète à l'autre : de qui « interprète » les événements à qui « interprète » son personnage en croyant improviser.

L'interprète cabotin

Cette découverte pose des questions vertigineuses. On pensait n'avoir qu'une seule conscience, et voilà que depuis une soixantaine d'années on poursuit des débats sans fin pour savoir si les patients au cerveau dédoublé n'en auraient pas deux. De nombreux autres cas cliniques ont confirmé l'existence de l'interprète. Il peut se manifester chez des patients dont on n'a pas forcément sectionné le corps calleux mais qui, après une lésion cérébrale, voient leur perception de la réalité altérée. Et là, nous allons aborder des troubles dont les noms te permettront de briller lors d'un prochain apéro. Ne me remercie pas, ça me fait plaisir.

Par exemple, certains patients atteints d'hémiasomatognosie (waouh, je te l'avais dit) souffrent d'une paralysie de la moitié de leur corps (généralement la gauche)… et ne reconnaissent pas leur jambe, leur bras ou les deux. Plutôt que de s'écrier : « Mais qu'est-ce qui m'arrive ? », leur interprète se déchaîne et invente une histoire à laquelle ils croient. Par exemple, ils claironnent à qui veut les entendre que, pendant leur sommeil, on les a amputés d'un membre et qu'on leur en a collé un qui ne leur appartient pas. Si tu leur demandes pourquoi quelqu'un commettrait un pareil forfait, ils ne seront pas pris en défaut : ils pourront te déblatérer une histoire de complot tout à fait ahurissante, par exemple, à laquelle ils croiront dur comme fer.

Avec le syndrome de Capgras, nous avons affaire à des gens persuadés que leurs proches sont des imposteurs. « Je reconnais ma femme, mais ce n'est pas elle. C'est un sosie ! » La malheureuse épouse peut bien apporter toutes les preuves que tu voudras, le mari n'en démordra pas. « C'est une comédienne, elle a eu accès à des informations concernant notre couple, mais ce n'est pas elle ! » Là encore, s'ensuit une rationalisation abracadabrante. Délirante. Pourtant, à part ça, les patients sont sains d'esprit.

Les psychotiques, eux, s'éloignent plus souvent du réel par leur délire. Mais le délire n'est pas arbitraire : il se structure en grands thèmes obsessionnels jusqu'à acquérir une cohérence qui n'a rien à envier à certains édifices intellectuels. Cette logique interne décalée est rarement prise en défaut. Certains délires sont des cathédrales dont il est bien difficile de saper les fondements. Qu'il s'agisse de persécution, d'ambition messianique ou de la reviviscence de traumatismes qui parfois n'ont pourtant jamais eu lieu, tout tient debout... mais hors-sol. Au moins, quelque chose est cohérent. D'irréel, certes, mais *quelque chose*. Peut-être que sans cette illusion, tout, absolument tout serait effondré et irrécupérable. Heureusement que l'interprète veille... Le délire est une histoire en apparence maîtrisée qui résiste au scepticisme des autres, c'est un trésor accessible à son détenteur seul, un secret chuchoté par l'émanation d'un ordre caché. Une bouée de sauvetage, aussi, par-dessus des abysses intérieurs, des gouffres sans retour, des trous noirs.

Le délire n'est pas l'apanage des hémiasomatognosiques[1] ni des psychotiques : songe à la jalousie délirante, obsessionnelle, constante, qui se nourrit de son propre feu jusqu'au meurtre. Ou à la folie des

---

1. Tu t'y habitues ?

grandeurs qui pousse un hurluberlu, placé dans des circonstances favorables par le hasard ou par l'intrigue, à provoquer des guerres pour la plus grande gloire de son petit nom. Des histoires, toujours des histoires, encore des interprétations, à la ferveur parfois contagieuse. Des interprétations qui peuvent nous rendre individuellement ou collectivement fous, malades, assassins ou tout à la fois, et que nous saurons rationaliser en nous trouvant de bonne foi des excuses.

Ton libre arbitre, une fiction ?

Parmi les découvertes déconcertantes de la neuropsychologie dont on ne peut (et dont on n'oserait) tirer aucune conclusion définitive, je te présente celle de Benjamin Libet, de l'université de Californie à San Francisco. Cette découverte remonte à 1983, et le moins qu'on puisse dire, c'est qu'elle a fait date. C'est bête comme chou : tu demandes à des sujets tout à fait ordinaires de scruter le cadran d'une horloge marquant les secondes, à charge pour eux d'appuyer sur un bouton quand ils le décident. Il leur faudra simplement signaler à quel instant précis ils ont choisi de presser le bouton. Surprise ! Regarde simultanément ce qui se passe dans leur cerveau, et tu constates que les circuits cérébraux impliqués dans la programmation des mouvements lancent la commande motrice de la main une fraction de seconde AVANT que les sujets prennent la décision d'appuyer. Ce n'est pas : « Je décide, et mon cerveau exécute », mais « Mon cerveau a décidé, j'exécute, je crois choisir après coup ». Alors, qui est vraiment aux commandes ? Combien de fois ton cerveau décide-t-il pour toi tandis que tu crois le cornaquer ? Se contente-t-il de programmer tes décisions lorsqu'il s'agit d'appuyer sur un bouton, ou bien pour aborder quelqu'un, boire un verre de plus, choisir où passer des vacances ? Questions insolubles[1] mais qui nous ramènent au temps du stoïcisme, qui considérait que la liberté ne consiste pas à choisir, mais à accepter tout ce qui arrive comme si on l'avait voulu[2].

Si tu croises un individu qui brandit vers toi une kalachnikov, tu ne vas pas décider de t'enfuir : sauf sidération totale, tu vas t'enfuir d'abord, et prendre conscience du danger une fraction de seconde plus tard (l'émotion précède la prise de conscience, c'est ce qu'on appelle la théorie James-Lange, du nom des deux psychologues qui l'ont formulée chacun dans leur coin à la fin du XIXe siècle). C'est exactement comme quand tu traverses la rue : si tu fais un écart pour éviter une trottinette, tu ne l'as pas décidé. Au contraire, ton cerveau a court-circuité ta raison pour gagner de précieuses secondes de délibération et déclencher tes réflexes de survie. Là, on ne rigole plus avec tes états

1. Moritz Nicolai Braun, Janet Wessler, Malte Friese (2021). *A meta-analysis of Libet-style experiments. Neurosci Biobehav Rev.* 128.

2. Benjamin Libet. *L'Esprit au-delà des neurones.* Dervy, 2012.

d'âme et tes atermoiements, on laisse faire le patron ! Tu prends conscience *ensuite* du danger auquel tu as échappé, quand tu peux te payer le luxe de te poser des questions.

Heureusement pour toi, l'interprète n'est jamais bien loin pour te faire croire que tu as le dernier mot. En ayant échappé à la collision avec la trottinette, tu vas pouvoir te gargariser d'être infiniment plus agile que tous ces malheureux badauds percutés par ces échassiers des temps modernes roulant sur un pied en parcourant leurs indispensables SMS. Ou tu vas te dire que la Providence veille sur toi. Interprète tout ton soûl, ton cerveau gauche ne demande que ça.

Délires nocturnes

Alors voilà. Les schémas, les règles, les stéréotypes, les biais, l'interprète… Tu ne peux pas ne pas te raconter d'histoires. C'est impossible. Dans un ermitage, tu te demanderais comment Dieu te juge. Athée sur une île déserte, et puisque nous sommes des animaux sociaux au point de peupler parfois notre solitude avec des relations éteintes ou fantasmées, tu imaginerais ce que deviennent ceux qui vivent sans toi de l'autre côté de l'océan.

Même au repos, quand tu dors, ton cerveau bat la breloque et déblatère des histoires non-stop. Il ne t'en parvient que des bribes, mais tu rêves toute la nuit, et pas seulement pendant le sommeil paradoxal comme on l'a longtemps cru. En continu, des images, des symboles, des mots, des dialogues bouillonnent dans leur chaudron, s'entrechoquent, crépitent et se malaxent, quelques bulles seulement perçant le filtre de la conscience. Le résultat est plus épique et mémorable en phase paradoxale, certes, mais le processus ne s'arrête jamais. Les histoires sont décousues, désarticulées, comme des éclairs hésitants, mais elles sont là, en filigrane.

Évidemment, ça godaille de partout, ça claudique, ça vacille, et pourtant il s'agit là d'une tentative faiblarde, maladroite, mais constante, d'unifier en un récit les éléments disparates qui affleurent plus ou moins par hasard à ta conscience. On peut imaginer que l'interprète, qui ne dort que d'un œil, reprend du service en protestant : « Dis donc, qu'est-ce que c'est que ce capharnaüm ? Il est temps que je mette un peu de cohérence là-dedans ! » Alors, un semblant d'histoire s'installe. Tes attentes, tes croyances colorent tes rêves. L'interprète parvient à y insérer les détails qui devraient te plaire, renforcer la crédibilité du scénario. Il prend le matériau qu'il a sous la main. J'ai connu quelqu'un qui avait fait plus de dix ans de psychanalyse, et qui me disait : « C'est génial, tout ce que je rêve confirme les théories lacaniennes de mon analyste ! » Il n'aurait pas pu en être autrement. Si ce monsieur avait suivi une thérapie cognitive, il aurait vu des éléments confirmant la thérapie cognitive. Le langage forge non seulement notre réalité, mais notre irréalité même.

Oui, mais quand tu rêves, le lobe préfrontal aussi vient parfois apporter son grain de sel. Celui-là, dans ton cerveau, fait office de tour de contrôle de tes comportements. Il s'assure que ce que tu perçois est bien réel, te permet de le décrypter et de t'y adapter au mieux. Quand tu dors, il est quasiment désactivé. Pour peu qu'il se sente intrigué par le raffut émotionnel causé par le rêve, il sort de sa léthargie pour siffler la fin de la récré : « À qui tu vas faire croire que tout ça est réel ? Tu ne vois pas que c'est un rêve ? Tu dors profondément ou tu te réveilles, mais tu ne te complais pas dans ce micmac ! J'aime les situations claires ! » Alors tu reprends conscience, même pour quelques secondes, en te demandant comment tu peux rêver des trucs aussi débiles, ou bien, avec l'aide discrète de l'interprète et de sa grande gueule, tu tentes de percevoir des choses cachées, des messages codés qui n'y sont pas toujours. Et qui n'y sont même qu'exceptionnellement.

Car grâce à des méthodes scientifiques inaccessibles à l'époque de ce brave Sigmund Freud, nous savons aujourd'hui que non, ne lui en déplaise, l'immense majorité de nos rêves ne présentent aucun contenu sexuel. Nous le constatons objectivement grâce aux patients atteints d'un trouble comportemental du sommeil. De quoi s'agit-il ? Quand tu fais tes rêves les plus élaborés, c'est-à-dire pendant le sommeil paradoxal, un petit bitoniau (le *locus coeruleus alpha*, pour les intimes) verrouille les commandes motrices de ton cerveau. Sans cette paralysie, tu quitterais ton lit et te déplacerais dans un état proche du somnambulisme, afin de vivre ton rêve. Tu réagirais aux hallucinations que t'envoie ton cerveau ! Or le trouble comportemental du sommeil se caractérise par une neutralisation du bitoniau. Les malheureux patients vivent leur rêve en déambulant dans la pièce et en s'exprimant à haute voix. Au réveil, ils ont tout oublié. Mais lorsqu'on les filme en laboratoire, on peut assister en direct aux histoires qu'ils se racontent[1].

Eh bien, leurs rêves sexuels sont des plus rares. Dans l'immense majorité des cas, ils vivent des situations tout à fait ordinaires du quotidien. Ils travaillent, discutent, fument et tiennent des conversations plutôt insignifiantes. Souvent ils insultent, se sentent agressés, menacent. Ils éructent des grossièretés sans filtre. On sait depuis longtemps que les animaux, eux aussi, lorsque la paralysie du sommeil leur fait défaut, rêvent de comportements ordinaires. Ils chassent, se battent, font leur toilette... Pas d'activité sexuelle, alors qu'eux n'auraient aucune raison de refouler leurs pulsions par pudeur, par convention ou par hypocrisie. Même si l'espèce humaine seule peut se payer le luxe d'autant imaginer, de se souvenir, d'anticiper, de jouer avec ce qui n'est pas[2], des animaux aussi peuvent se raconter des histoires en images. Et halluciner, comme tu le fais toutes les nuits.

---

1. Isabelle Arnulf. *Une fenêtre sur les rêves. Neurologie et pathologies du sommeil.* Odile Jacob poches, 2022.

2. Jean-François Dortier. *L'Homme, cet étrange animal.* Sciences Humaines, 2012.

Je ne vais pas, moi, te raconter d'histoires en te faisant croire que le sujet des rêves se résume sans aucune exception à des filaments de routine produits par hasard, à une bouillie régurgitée par ton cerveau pendant que ta conscience baisse la garde. Certains rêves sont d'une richesse fantastique et peuvent changer ta vie tant ils ont des allures de révélation divine, de causerie avec les morts, de pièce de théâtre aux allures de superproduction... Mais ils sont rarissimes et imprévisibles, donc impossibles à étudier en laboratoire, et la science n'a rien à dire dessus. En tout cas, plus tu t'intéresseras à tes rêves et plus ils seront luxuriants : ton attention et ta mémoire à leur égard se développeront parallèlement à leur expansion. Accueille-les avec passion et sans idée préconçue, et ils prendront leurs aises.

Ton âme est une maison hantée

Ce qui n'existe pas aussi imprime donc sa marque à ton Livre de vie. Tes rêves et tes fantasmes. Quelles que soient tes convictions spirituelles, je parie que tes morts (et j'espère que tu n'en as pas trop) continuent à occuper de la place dans ton Livre de vie, ne serait-ce que dans la marge. Même si d'aventure tu as la certitude qu'un triste et dérisoire néant t'attend au terminus, même si tu penses ne franchir un jour la fatidique « voie neuf trois quarts » que pour dégringoler dans une fosse commune, je suis certain que tu penses à ceux qui sont partis avant toi. Je ne te le souhaite pas, mais si tu as perdu un de tes parents, les deux ou n'importe quelle autre personne qui te manque atrocement, tu te surprends à penser à eux sans crier gare. Par ricochet, une phrase d'aujourd'hui en rappelle une autre. Ou bien, dans une situation anodine, l'absence est criante. Comme dans le film *César* de Marcel Pagnol, où, pendant une partie de cartes, Raimu s'adresse machinalement à son ami pour l'exhorter à jouer, mais se tourne vers une chaise vide et, après quelques secondes de stupeur, marmonne ce constat : « Ah, cette fois, il est mort. » Oui, tes morts sont morts. Mais ce sont des morts vivants. Oh, pas de vilains zombies, non, mais de fragiles silhouettes embrumées, souriantes, qui te font un signe en passant. Ils abandonnent un peu leurs affaires et, par précaution, passent juste voir si tout va bien pour toi. De même par exemple que, si tu as des enfants, tu jettes un rapide coup d'œil par la fenêtre pour t'assurer, par acquit de conscience, que leurs jeux se passent sans anicroche d'aucune sorte.

Parfois tu les imagines, tes morts, alors que tu t'amuses bien : ce serait formidable s'ils te voyaient comme ça… Ou alors, tu voudrais qu'ils soient fiers de toi… Ou tu te demandes ce qu'ils te conseilleraient… Et quand tu pleures, tu peux imaginer leur main sur ton épaule. Au cimetière, tu leur racontes ta vie. Et tu chuchotes en disposant ta fleur sur leur tombe. On dirait que tu passes au confessionnal, ou que tu te trouves au parloir pour rendre visite à un détenu coupé du monde extérieur. Tu aimes à les peindre possiblement auprès de toi en toutes circonstances, mais devant leur dernière demeure, tu les crois confinés.

Alors tu guettes un signe, une coïncidence, un rêve qui confirmeraient ton hypothèse, te prouveraient qu'ils sont bel et bien présents, à leur façon.

Mais rien.

Rien.

Et tu voudrais les revoir une fois, une seule, et vous mettriez de côté vos vieilles affaires et tout le fatras du langage, juste pour vous serrer dans les bras en pleurant.

Tu vois, même la mort ne peut pas arrêter une histoire importante. Elle la prolongerait même.

Tu peux y croire ou ne pas y croire, il est bien difficile de ne pas te raconter ces histoires de l'au-delà à toi-même. Peut-être songes-tu que ta propre disparition ne sera pas le point final, mais l'introduction du véritable récit. Que vous serez tous réunis, que tout sera compris, aura un sens, et que ton temps passé sur Terre aura fait office de brouillon raturé, surchargé, maladroit, avant la clarté lumineuse de la seule véritable histoire : celle qui n'aura pas de fin.

DEUXIÈME PARTIE

Quand tes histoires tournent au cauchemar

Et si tout n'était qu'illusion ?
Si rien n'existait ? Dans ce cas,
j'aurais payé ma moquette
beaucoup trop cher.

WOODY ALLEN

Les récifs de l'adolescence

Cette facilité déconcertante à nous raconter des histoires, encouragée par nos automatismes psychologiques et notre cerveau même, serait une bénédiction si elles mettaient toujours dans le mille. Mais l'existence est farceuse et enseigne à l'usage que nos grilles de lecture manquent cruellement de réalisme.

Le bel édifice se craquèle bien çà et là pendant ton enfance, lorsque l'actualité te fait douter de l'humanité ou du juste ordonnancement du monde, ou que tu prends conscience des ratés de tes règles en « Si... alors... », mais globalement, ça tient. De loin, en n'étant littéralement pas trop regardant, ça passe encore pour du sur-mesure. *Fluctuat nec mergitur*, ça plie mais ne rompt pas. La planète vacille sur son axe, fend l'espace, un peu gondolée et à moitié de traviole, et pourtant elle tourne.

Seulement, il arrive un moment où trop d'accrocs sont visibles. Bienvenue dans l'adolescence ! Quoi, l'amour n'est pas toujours tout rose ? Les enfants, c'est pas que du bonheur ? Les parents, c'est pas forcément des modèles ? Le travail n'épanouit pas systématiquement ? La politique est décevante ? L'argent ne fait pas le bonheur ? Ce n'est pas la beauté intérieure qui compte ? La mondialisation n'est pas heureuse ? Les études ne sont pas toujours une chance ? Eh oui, les histoires ambiantes finissent mal (en général). Ce qu'on se raconte partout sans connaître qui a établi les « faits » ni comment, les grands récits explicatifs ou moraux sont des rumeurs. Des intox. Des *fake news*, comme on dit dans la langue de Shakespeare.

Ce que tu jugeais d'une transparence binaire (le bien / le mal...) se brouille, tout se chevauche. La trame de l'histoire habituelle s'effiloche, se désépaissit, vire à la peau de chagrin. Le vide apparaît, puis il s'emplit d'opacité. Tu n'y crois plus aux vieilles rengaines, et la cacophonie qui s'ensuit t'affole. Tes parents ne sont pas si exemplaires. Leur histoire personnelle mythique brinquebale. Leurs histoires sur la vie et le monde, celles qu'ils t'ont enseignées ou qu'ils ont illustrées sans même y songer, ne tiennent pas davantage debout. Trop d'humains ne se gênent aucunement pour violer les lois morales élémentaires dans l'impunité la plus complète, d'autres respectent un idéal en n'en tirant nul bénéfice. Les méchants ont leurs raisons qui sont parfois plus que des circonstances atténuantes, l'auréole des bons supposée inoxydable se délabre pourtant, quand elle n'est pas en toc.

Soudain, tu ne crois plus aux contes de fées, aux parcours tout tracés, aux certitudes, au manichéisme face auquel tu te gargarisais d'appartenir toujours à la bonne catégorie. D'autres pensent, ressentent, jugent à leur manière, qui n'est pas systématiquement pire que la tienne. Les histoires de père Noël ou de cloches de Pâques ne sont pas les seules salades défraîchies qu'on t'a servies sur un plateau jusqu'à te rassasier de merveilleux (et plus dure, chaque fois, s'avère la gueule de bois). Tout ce qu'on t'a aussi déblatéré sur le mérite, le travail, la justice, l'économie était effroyablement sommaire. Ce que tu avais cru comprendre était à côté de la plaque. Le trait était forci jusqu'à dissimuler le modèle : tu dois prendre acte que la réalité est complexe, contradictoire, chaotique, crue, brutale et choquante. Dans la foulée, tu te méfies de ce que tu entends *via* les médias traditionnels, sur Internet, qu'il s'agisse d'experts ou d'anonymes. Surtout face à une langue de bois, une novlangue, un jargon politiquement correct, des périphrases, des clichés. Et surtout à propos des sujets qui fâchent. Ado, tu doutes de tout. C'est le prix à payer pour mûrir.

Ce que tu croyais savoir sur l'humanité en général et tes proches en particulier relève donc de la pure fable. Une histoire qui perd en joliesse comme en crédibilité. Tu n'es pas qui tu croyais. Ta famille non plus. Tout a changé, et toi le premier. Tu ne reconnais plus ton corps, tes émotions, et personne ne comprend ton désarroi, à supposer qu'on s'en soucie. Tu n'as pas le même cœur, et certainement pas les mêmes yeux. Il faut reprendre ton analyse à zéro. Revoir tout ton plan d'action, ta carte mentale, ta confiance, tes ambitions. Les autres ne peuvent pas comprendre, ou feignent d'avoir oublié qu'ils sont passés par là. Tu ne peux compter que sur toi, sur une poignée de potes peut-être, pour balancer tes bagages défoncés et rempaqueter un baluchon de fortune pour emprunter non plus une voie royale mais un chemin encombré, crevassé, miné.

Le voyage initiatique est pire que prévu. Pour commencer, tu tournes en rond. On ne t'avait pas présenté les choses comme ça. C'est du mépris, de la trahison ou du sadisme ! Tu te sens comme une souris qui s'est ruée sur une friandise et se retrouve piégée... Sauf que toi, ton piège n'est pas une nasse, mais un immense paysage à perte de vue que tu croyais cartographié mais qui n'est guère qu'une jungle. Et on voudrait que tu souries ! Que vas-tu devenir ?...

Tenir la plume toi-même (mais elle est lourde)

Tu vas écrire, pardi. Bazarder les visions d'emprunt et construire ta propre histoire. Scénariser ta vie, en improvisant. En sachant davantage ce que tu ne veux plus que ce que tu veux vraiment. Ce que tu ne veux plus, c'est qu'on te raconte des bobards. Malgré la difficulté de la tâche, tu préfères défricher la réalité pas à pas et te forger tes propres convictions et certitudes. Escamoter l'enfant crédule en toi et lui substituer quelqu'un qui connaît la maturité en se frottant au terrain plutôt qu'en se fiant aux on-dit des témoins approximatifs, voire myopes.

Tu vas te faire ta propre opinion. En affirmant ta propre personnalité. En effectuant tes choix. En vivant ta vie. Tu ne peux plus te contenter d'être la note de bas de page ou le chapitre pittoresque de l'existence de quelqu'un d'autre, tu entends devenir un SUJET à part entière, dans tous les sens du terme.

En théorie, tu as toute la vie pour y parvenir, pourtant ça urge un brin. Tu as déjà perdu une douzaine d'années avant que les écailles te tombent des yeux et que tu cesses de prendre les histoires des autres pour argent comptant. Et là, on va te demander de préparer l'âge adulte. « Si vraiment tu refuses de suivre le chemin qu'on t'avait tracé, tu veux préparer quel boulot, alors ? » t'exhortent les « grands ». « Aimer qui ? Voter ou militer pour quoi ? OK, chiche, montre-nous qui tu es ! Décide-toi, puisqu'on te connaît si mal ! Corrige nos erreurs, répare nos injustices, puisqu'on est si incapables de te comprendre ! Tu fais la fine bouche en nous crachant dessus, on n'est plus à ton goût ? Mille excuses ! Dis-nous tout ! Ah, tiens, tu ne sais pas encore... »

Après les enluminures de l'enfance que tu pouvais colorier en débordant, tu as un problème de limites au seuil du chapitre adulte. Non seulement c'est plus gris, plus sombre, mais c'est tout flou. Tu as envie de déchirer tout ce qu'il y avait avant, pourtant ce que tu voudrais ajouter est mal dosé. Tu appuies trop fort, ou tu ne fais que survoler. Tu te fous en rogne contre tout et tout le monde, ou alors tu te détaches, tu restes en retrait. Tu cherches ton style, tu cherches ta place, les émotions sont encombrantes. Bienvenue dans l'adolescence, je te dis !

À la recherche des pourquoi

Les histoires les plus élémentaires relèvent d'une variation sur le thème de la causalité, on l'a vu ensemble. En règle générale, tu te dis que si A… alors B. Quand tu constates B, tu cherches quel peut être son A. Les choses sont censées avoir un pourquoi. Pourquoi sont-elles ainsi ? Pourquoi cet ordre ou ce désordre des choses ? Pourquoi ces choses me sont-elles arrivées à moi ? Pourquoi je ne suis pas heureux ? Pourquoi je suis amoureuse ? Pourquoi mes parents n'ont pas su y faire avec moi ? Pourquoi je ne me sens pas de taille à m'engager ? Pourquoi je reste à mon poste alors qu'il est débile ? Etc. Les histoires de pourquoi dépassent aussi notre petite personne. Pourquoi la planète se réchauffe-t-elle ? Pourquoi on ne réagit pas assez ? Pourquoi ce Président a-t-il été élu ? Pourquoi le terrorisme ? Pourquoi on nous cache la vérité ? Pourquoi, pourquoi, pourquoi !

En corollaire, on retrouve souvent un comment. *Pourquoi* l'ordre des choses a-t-il été bousculé, et *comment* peut-on le rétablir ? Comment réparer ce qui s'est passé ? Comment dénoncer ? Comment oublier ? Si on ne retrouve pas l'ordre des choses, comment en créer un autre qui, à défaut d'être identique à l'ancien, se révèlera acceptable ou, qui sait, le surpassera ? Que le comment et surtout le pourquoi restent sans réponse, et l'histoire nous déplaît. Il manque une pièce au puzzle. L'enquête n'est pas finie.

Si possible, il ne doit y avoir qu'une seule réponse au pourquoi. À la question « Pourquoi j'ai raté ma vie ? », il est préférable que la réponse soit, par exemple, « À cause de mon ex », plutôt que « À cause de mon ex, de la conjoncture économique, de la trahison de certains de mes amis », et surtout de facteurs personnels comme « C'est la faute à mon indécision, c'est parce que je sabote mes propres chances en permanence, c'est parce que j'ai agi stupidement et en persistant dans les erreurs, parce que ce que j'ambitionnais était totalement irréalisable », bref, pour de multiples causes réductibles à une seule : « Moi » !

Il nous faut donc une nouvelle histoire linéaire où nous avons le beau rôle, soit parce que nous n'avons rien à nous reprocher, soit parce que nous savons disposer des ressources nécessaires pour nous sortir héroïquement du guêpier, soit parce que nous nous proclamons victimes innocentes dont la pureté, la bonne foi et l'intégrité deviennent des handicaps dans cette société sinistre, brutale et injuste. Oui, nous avons le beau rôle. Nous sommes les gentils. Hélas, un méchant a tout fait s'écrouler (par exemple, le président de la République renforce un système qui musèle et broie les gens comme toi, ton ex était un summum d'égoïsme et de perversité, tes parents ont obstinément refusé de te comprendre…). Avec un peu de chance, il ne l'emportera pas au paradis, car justice sera faite (une révolution chassera le Président, ton ex finira ses jours dans la solitude, tes parents finiront bien par te demander pardon...). Pour peu que l'on constate que les torts sont partagés, ou, pire encore, que nous portons la responsabilité du désordre du monde, et l'histoire laisse place au déni (« Je n'y suis pour rien, c'est *vraiment* le Président », ou « Ça ne va pas si mal que ça, après tout, donc je n'ai pas tellement gaffé »), ou à la dépression (« Et dire que tout ça est ma faute, je n'ai pas volé de souffrir »).

Des histoires creuses qui tournent à vide

Des règles précoces du type : « *Si* je pose la main sur le feu, *alors* je me brûle », il est sorti des « il faut » : « Il faut que je garde ma main éloignée du feu. » Variante : « Il ne faut pas toucher le feu. » Tu n'as découvert le pourquoi véritable de cette règle et de cette loi à propos de la chaleur que dans tes premiers cours de physique-chimie, peut-être. Mais auparavant, tu auras vécu des années avec une règle de vie en te dispensant de son pourquoi : peu importait pourquoi le feu brûlait la main, l'essentiel était de te protéger. Pourquoi ça fait mal ? Parce que j'ai touché la flamme. Oui mais pourquoi une flamme, ça fait mal ? Qu'importe !

Aujourd'hui, il t'arrive de chercher trop de pourquoi, qui génèrent toujours une flopée de questions tout aussi insolubles. « Pourquoi avec cette personne ça fait mal ? Est-ce que je dois vraiment m'en éloigner ? Dois-je lui accorder une seconde chance ? Est-ce de ma faute ? » Tu devrais déjà avoir déduit une règle générale à respecter sans réserve ni interrogation : « Il faut que je reste le plus loin possible de cette personne. Pourquoi elle me fait du mal ? Qu'importe ! Je n'ai pas à procrastiner en cherchant un pourquoi. Je m'éloigne d'abord pour réduire la douleur, on verra ensuite. » Chercher un pourquoi, c'est bien souvent se languir d'une excuse pour ne rien changer.

Notre drame commun est qu'on n'arrive pas à se passer de pourquoi dans la grande question fondamentale : pourquoi on est là. D'où ça sort, tout ça ? À quoi ça rime ? Où est passé le mode d'emploi ? La sagesse voudrait qu'on se conduise comme avec la main sur le feu : « Ne t'occupe pas du pourquoi, tu sais ce que tu as à faire : de même que tu ne touches pas au feu, quelle que soit la raison de la souffrance qu'il procure, de même tu dois vivre, sans attendre que Dieu daigne descendre sur Terre pour t'expliquer à quoi il pensait en inventant tout ça. » Je veux bien, mais quand on n'a pas ce Grand Pourquoi-là, rien ne coule de source ! Si on l'avait, tout s'éclairerait. Le mal, la bêtise, l'égoïsme, la brutalité n'auraient pas besoin de pourquoi. Il nous suffirait de savoir qu'il existe un Dieu bon, grâce à des preuves éclatantes, pour nous rasséréner à coup sûr : « Eh, calme-toi ! Il y a un Dieu. Donc tout a un sens, même si ça te dépasse. Tout est bien, même si tu n'es pas capable de le comprendre. La vie est un festin dressé pour toi, alors arrête de mâchonner le pied de table, s'il te plaît. » Tous nos ennuis viennent de là : on ne comprend pas l'histoire fondamentale, celle qui sous-tend toutes les autres, notre petitesse et notre grandeur à la fois. « Qu'est-ce que c'est que cette plaisanterie ? C'est quoi *l'histoire* ? Ne me dites pas que c'est un enchevêtrement de hasards, un labyrinthe sans issue, un foutoir qui ne sert qu'à combler un néant. Je suis tout ouïe. *Il était une fois* la Grande Origine… Allez, racontez-moi la suite ! » Mais ce qu'on te raconte sonne trop souvent faux, et relève de la mauvaise mystification orchestrée par des publicitaires et des propagandistes qui ne cherchent à te convaincre que pour ne pas douter d'eux-mêmes.

L'effondrement de tes grands récits personnels laisse ainsi place à une multitude d'ersatz insatisfaisants, donc anxiogènes. Tu les connais, ces romans de sable pas terribles, ces cochonneries que tu ressasses en les secouant en tous sens, que tu charries à bout de bras, à bout de souffle, dont tu n'achèves jamais de touiller la vase, des fois qu'il en jaillirait davantage de nullité encore… Ces inquiétudes diffuses, ces anxiétés stériles, ces cauchemars radotants. « Et si ?… Si jamais ?… Pourvu que… Si seulement… Et pourquoi j'ai pas… Et ça va mal finir… Et c'était si bien, pourquoi c'est fini ?… » Ton potentiel de créativité se fourvoie dans des idées noires même pas glorieuses, mais rabougries. Tu as de quoi faire dans le gigantisme, tu te complais dans la miniature. Tes apocalypses personnelles font du rase-mottes. Il faut vraiment une pandémie ou une guerre en Ukraine pour que tu t'imagines disparaître dans un appel d'air de la grande Histoire. Sinon, ta fin du monde est domestique. Ton joli nombril grimace.

Coups de théâtre !

Tu fais toujours plus ample connaissance avec l'impuissance. Tu as beau planifier ta vie, les événements néfastes ou providentiels, tôt ou tard et plutôt deux fois qu'une, débouleront d'on ne sait où pour des conséquences massives et imprévisibles. L'intrigue court plus vite que ta plume. Retournements de situation ! Coups de massue ! Coups de théâtre ! Portes qui claquent ! Voies royales qui s'ouvrent ! Surprises ! Tu croyais tenir les rênes, la monture s'emballe. Voici un viol. Un accident. Une maladie. Un deuil. Un licenciement. Ou bien une promotion. Une rencontre professionnelle. Sentimentale. Sexuelle. Amicale. Pour le pire ou pour le meilleur, plus rien ne tourne comme prévu. Tout est sens dessus dessous. Qu'est-ce que tu vas faire ? Qu'est-ce que tu vas devenir ? Qui pour t'aider, te consoler, te conseiller, t'applaudir, vivre à ta place ? Pour te passer un mouchoir ou sautiller de joie, enlacés ?

Regarde tout ce que tu avais projeté. Qu'est-ce qui est conforme à tes plans ? Tu te voyais comme ça, autrefois ? Je te parie que si par miracle, des années plus tard, un souhait professionnel ou un désir amoureux se sont bel et bien concrétisés, c'est avec une certaine distorsion. La personne que tu aimes, peut-être n'était pas tout à fait telle que tu l'avais imaginée, physiquement et/ou psychologiquement. Ton boulot est moins excitant que tu l'escomptais, ou bien sa partie excitante vient de ce que tu n'avais pas anticipé. Et ce que tu avais prévu s'est réalisé par des voies détournées. Moi, j'avais toujours eu en tête d'écrire, mais je ne pensais pas que ça deviendrait réalité dans ces circonstances, et pour ces livres-là. C'est mieux que ce que j'aurais cru à ma portée. Sans planifier. C'est arrivé comme un cadeau. Si j'avais tout goupillé comme un stratège à deux balles, j'aurais obtenu moins.

La vie s'écrit toute seule, quoi que tu fasses. Si elle et ton histoire suivez la même direction, elle s'amuse parfois à te prendre la plume et à ménager une ellipse avec un immense coup d'accélérateur. Ou elle prend son temps, te fait traînailler. Ou bien elle raye ce que tu avais commencé. Introduit des personnages inédits. En supprime d'autres, brutalement. Des figurants montent au premier plan, des héros se vident de leur substance et quittent la scène. Le récit prend une teinte émotionnelle imprévue. C'est une co-écriture. Et tu t'aperçois qu'il arrive que le hasard ou la destinée aient plus de talent que toi. Parfois aussi le résultat n'est ni fait, ni à faire !

Croître comme une fleur capricieuse

Stupeur ! Si la ligne droite est le chemin le plus rapide entre deux points, la vie ne cesse de faire des détours pour aller de la naissance à la mort. Tu peux commencer à tirer le trait, mais il va dévier. C'est d'autant plus rageant si tu as en tête de progresser, de te développer, de devenir une meilleure version de toi-même : ton plan ne se déroulera pas comme convenu. Tout simplement parce que ton fantasme de développement tient, lui aussi, du bobard. Et tu t'en soucies trop.

L'enfant ne se soucie pas de se « développer », alors que c'est le champion du développement ! Que tu le stimules ou pas, il ne demande, spontanément, que la nouveauté : tenir assis, empoigner sa cuiller, se retourner dans son lit, faire du quatre pattes, se mettre debout, tituber, marcher, courir, et parler, parler, parler, tester, commander, ruser, plaire, faire tourner en bourrique… Tu l'accompagnes au mieux, mais tu ne le diriges pas. Il se développe quand il va à l'école, quand il comprend le fonctionnement d'une bande de copains (ou de brutes). Il se développe quand il prend conscience de la violence, de la mort, de l'amour, de la sexualité. Il se développe à l'adolescence, quand tout va à la fois trop lentement et trop vite pour lui, quand il jure des fidélités amicales qui fondront le plus souvent comme neige au soleil.

Et tu continues à te développer à l'âge adulte, quand ta vie privée te fait souffrir par ses aléas ou sa désertification. Tu te développes quand tu bosses, que tu gravis les échelons ou que tu les dégringoles, que ton argent te sert à construire et t'amuser ou que tu n'en vois pas la couleur. Tu te développes quand tu deviens parent et que ta vie ne sera plus jamais la même, quand tu tombes malade, quand tu vieillis, que tu ne comprends plus le monde autour de toi, que tu ne te reconnais plus dans la glace, que ton corps te trahit, que tu te retrouves macérant dans ta solitude et que tu te prépares tant bien que mal pour le grand final. Oui, même là, alors que tu te sens en pleine décrépitude, que tu as fait tes jeux et que rien ne va plus, tu te développes. Tu acquiers une profondeur et une acuité de jugement dont tu regrettes de ne pas avoir bénéficié au seuil de l'âge adulte, parce que tu aurais (peut-être) fait de plus grandes choses. « Le temps d'apprendre à vivre, il est déjà trop tard », comme disait l'autre[1]. Il n'y a vraiment que si ton cerveau déraille ou décline que tu cesses de te développer, je suppose.

Tu ne peux pas ne pas te développer ! Le développement, ça s'appelle le temps qui passe. La floraison, la guérison, la cicatrisation, la résilience, pour la plus large part, ça vient de là. Et des gens bénéfiques autour de toi. Et du regard bienveillant que tu acceptes de porter sur toi-même. Du pardon que tu t'accordes pour avoir échoué. Pour avoir déçu. Pour avoir triché. Trahi. Le développement, c'est l'évolution. Le changement. La métamorphose. Pas forcément *l'amélioration*. Le développement, ce n'est pas le brouillon qui se languit d'être salué comme un chef-d'œuvre, c'est l'apprentissage. Rien à voir !

Tu ne peux pas ne pas te développer. D'ailleurs, que se passe-t-il quand tu essaies de bloquer le flux de ton existence ? Regarde ces bougres et bougresses qui

1. L'autre en question, c'est Louis Aragon, mais je ne t'apprends rien.

se défigurent et se saccagent et se ridiculisent à force de prétendre conserver une éternelle jeunesse (qu'ils confondent avec la séduction). Tu as vu ces pommettes boursouflées, ces lèvres en bouées de sauvetage, ces mentons vallonnés, ces moumoutes qui ne demandent qu'à ce qu'on les décapsule puisque tout le monde ne voit qu'elles ? Ces traits lisses, ces commissures ravaudées ? N'est-il pas plus flatteur de prouver son humilité, sa noblesse et son expérience en assumant son âge ? Oups, je parle comme un *vieux* con. Il existe des blocages plus subtils : quand tu te sens vraiment mal, que tout en toi te crie de changer, que tu sais ce qu'il faudrait faire, que tu en es capable... et que tu ne changes pas, que se passe-t-il ? Tu racontes des histoires, tu trouves des prétextes pour justifier ton immobilisme, tu te victimises, tu accuses les autres, tu culpabilises. En un mot, tu vois le résultat d'un refus de te développer. La vie te fait signe, et tu lui tournes le dos. Elle t'invite au soulagement, et tu cèdes à la peur. « Je reste comme je suis, même si je souffre. Autrement, ce serait pire. » Et ce faisant, c'est évidemment là que ça empire.

Il n'y a qu'une façon de se développer : laisser faire. Accepter ce qui te fait du bien, te détourner du reste. Laisse-toi porter. Lutter contre le courant créera des tourbillons. Aie confiance, ou quelque chose tentera de passer en force malgré toi, et tu perdras des plumes.

Le mieux, ennemi du bien

Ton chemin de vie est imprévisible, et si tu essaies de le contrôler, ou de ne pas marcher, le voyage te sera plus pénible. Tu refuses les ornières, les cailloux, les sols accidentés ? Vraiment ? Tu préfères donc les autoroutes, rectilignes, bien moches, sans aspérités ? C'est plus commode, mais ça ne préserve pas des carambolages. Et quel ennui ! Flâne, un peu ! Profite du paysage, loin des pourquoi sans fin.

Sinon tu te rends littéralement malade, dans ton cœur et dans ta tête, à force de stress, d'insomnies, d'anxiété, d'agressivité contre toi-même (plus encore que contre les autres, car tu en éprouves moins de scrupules). Tu te ronges à coups de « je dois », ou plus précisément de ces fichus « il faut » dans lesquels le « je » n'est même pas présent. *Si* je ne me développe pas, *si* je ne suis pas conforme à mon moi idéal, *alors* je n'aurai pas volé de récolter de la honte. Et tes « je veux » s'amenuisent en « je voudrais », et souvent régressent en caprices primitifs et en pensées magiques : « Je voudrais absolument être insurpassable en ceci ou cela, être irréprochable, faire l'objet d'admiration, me venger… », raye la mention inutile. Te voilà en pleine dictature personnelle que tu aimes croire éclairée mais qui te plonge dans l'obscurité crasseuse.

On jurerait ces figures mystiques croyant parvenir à la perfection divine en se flagellant ou en se saucissonnant dans un silice : tu places la barre tellement haut que tu te déchires de partout en prétendant la franchir. Tu te condamnes au vertige et à la nausée en entreprenant l'ascension des plus hautes cimes du monde, sans autres guides que ta vanité et ta naïveté, en imaginant trouver pour toi, tout là-haut, un bulletin de bonne conduite ou un trône de nuages. Mais la montagne est infinie. Elle n'a aucun sommet. Et pendant que tu te dévisses la nuque en essayant d'en discerner les contours, tu ne remarques pas le paysage bien présent. Tu ne vois plus ceux qui t'entourent et qui sourient, sans en attendre davantage, à la personne que tu es déjà. Tu ne vois pas que tu es aimable comme tu es, avec tes imperfections. Tu refuses l'amour qu'on te donne : soi-disant que tu n'en es pas digne ! Tu n'auras jamais fini de te pomponner, de te lustrer, de te calamistrer, de prendre tes grands airs, de froncer les sourcils, de bomber le torse, de te maquiller, de te déguiser, de t'excuser de figurer encore au rang des humains ordinaires alors que tu te languis de l'Olympe.

C'est là un savoureux paradoxe : sous couvert de vivre le mieux possible, d'atteindre l'excellence, seul cap digne de toi, tu t'humilies sans fin. Tu n'es pas encore tout, donc tu n'es rien. Tu es modeste parce que tu aurais mauvaise grâce à te proclamer déjà exemplaire. C'est insoluble. Tu fais le grand écart entre un tas d'ordures et l'Empyrée. Tu ne t'acceptes pas comme tu es : tu ne t'apprécierais qu'en étant quelqu'un d'autre, que tu ne peux pas être. Tu ne consens à t'aimer que sous conditions. Or, les conditions sont totalement irréalistes. Quel orgueil de souffrir autant !

L'histoire comme masque (et vice versa)

Écrire ton histoire… Du moins en annoncer le plan, avec un crescendo qui garantisse que tu t'améliores en vieillissant… Faire la part des choses entre ce que tu veux, ce que tu peux, ce que tu dois, les chimères qu'il vaut mieux t'épargner… Herculéen ! Et pourtant, il le faut. Une constante de ta vie de jeune adulte doit être de ne pas vivre l'histoire écrite par quelqu'un d'autre. De ne pas te plier aux exigences onctueuses et implicites (ou franchement coercitives) de tes parents. Ne pas céder à un chantage affectif en accomplissant les rêves que d'autres ont formulés pour toi. Tu rêves d'art, et tu serais notaire ? Tu rêves de notariat, et tu serais peintre ? Tu rêves de fantaisie, mais resterais sobre et sage ? Tu rêves de certaines amours, mais tu devrais les cacher ? Si tu vis bel et bien la vie écrite par quelqu'un d'autre, tes juges seront contents. Pas toi.

Et les pourquoi vont surgir en pluie battante, générant leur cortège de tortures sans fin. Je les vois d'ici : qui es-tu, à la fin ? Qui t'a moulé ton masque ? Combien en portes-tu, d'ailleurs ? Si tu enlèves toutes ces pelures, toutes ces strates de faux-semblants accumulées pour qu'on t'aime, pour que tu sois quelqu'un de bien, y a-t-il encore *quoi que ce soit* derrière, et *qui que ce soit*, qu'on étouffe et qui ne demande qu'à vivre SA propre vie ? Ce faux self, comme disent les psys, le faux soi, garantit parfois une belle histoire, mais qui n'a de sens que pour ceux qui l'ont dictée. Tu joues un rôle, sans t'amuser. Tu es l'objet d'un quiproquo permanent. On t'applaudit bien fort, pour avoir bien triché.

Ça me rappelle *La Bonne du curé*, immense tube d'Annie Cordy quand j'étais petit :

> *J'voudrais ben...*
> *Ouin, ouin, ouin !*
> *Mais j'peux point...*
> *Ouin, ouin, ouin !*
> (Tu vois, j'ai des lettres.)

La malheureuse bonne du curé ne peut pas faire de frasques, non parce qu'elle n'aurait aucun succès avec les garçons, bien au contraire, mais parce que sa condition sociale le lui interdit. Que penseraient les ouailles ? Que penserait son patron ? Or, les ouailles la trouveraient sympathique et son patron lui pardonnerait, c'est son métier ! Alors qu'est-ce qu'elle attend, au lieu de se rendre malheureuse au nom du qu'en-dira-t-on, avec son faux self de bigote !

Quand je pense que j'aurais dû me dispenser de citer Annie Cordy parce que ça ne fait pas sérieux pour un psychologue ! « J'voudrais ben citer *La Bonne du curé*, mais j'peux point... »

Scoop : je peux ! Désolé, mais pirouetter, c'est mon vrai self !

Impossible imposteur

Ne pas confondre le faux self avec le syndrome de l'imposteur[1] : cette fois, tu ne composes pas un personnage, mais tu penses que les autres ne voient qu'un personnage. Par erreur, on te croit capable de réalisations professionnelles ou de qualités humaines qui relèvent en réalité, crois-tu, d'un rideau de fumée. On veut te donner une couronne, quand tu ne demandes qu'à te cacher. Et tu n'arrives pas à dissuader les autres. Tu ne mets d'ailleurs pas trop de zèle dans cette entreprise, de peur qu'on t'accuse d'avoir trompé volontairement ton monde. Tu te sens en sursis, avant que ta vraie nature, piteuse, n'apparaisse inévitablement. Avec le faux self, les autres t'ont imposé subtilement leur volonté, et tu as revêtu un masque pour leur plaire. Avec le syndrome de l'imposteur, les autres, de bonne foi, se sont trompés sur ton compte et t'embellissent avec un masque trop grand, trop beau pour toi. On se raconte des histoires à ton sujet. Mais ce ne sont pas les bonnes. Même toi, tu n'y crois pas.

Hélas, tu vois des juges partout ! Que vont penser les gens ? Comment leur plaire ? Tu t'égares dans leurs hypothétiques opinions pointilleuses, leurs condamnations oppressantes et sans appel, ou bien leurs sympathies informulées, qui en réalité n'existent que sous ton crâne soucieux, imaginatif, et qu'il serait bon d'occuper à

1. Kevin Chassangre & Stacey Callahan. *Cessez de vous déprécier ! Se libérer du syndrome de l'imposteur*. Dunod, 2016.

autre chose. Qui prend vraiment le temps d'analyser ta personne et ta conduite autant que tu le fais toi-même ? Ne s'agit-il pas, bien souvent, d'une manifestation de ton orgueil, de croire que tous ces pauvres humains déjà accaparés par leurs propres soucis acceptent de consacrer du temps pour mieux te comprendre et savoir exactement ce que tu vaux ? Toutes affaires cessantes, les voici qui pensent à toi, te vénèrent, te chahutent, qui te méprisent ou qui t'envient. Tu serais donc une priorité ? Écoute, soit ils t'aiment et ne te jugent pas, soit ils se foutent complètement de ta petite personne, alors pourquoi leur faire la danse du ventre ?

Cette propension à te considérer comme le centre d'attention privilégié d'autrui est si puissante qu'elle déborde même de ton quotidien immédiat. Ce ne sont pas seulement tes proches, tes amis, tes collègues ou tes voisins qui sont censés aménager ton piédestal ou ton pilori, mais, si tu y crois, Dieu lui-même, qui prend des notes pour constituer ton dossier et te le coller sous le nez au moment opportun, c'est-à-dire quand il sera trop tard. Selon tes croyances, peut-être que c'est le petit Jésus qui voit tout de toi à travers une lucarne dans le ciel (je n'ose dire un judas), ou un ange gardien qui te sert de garde du corps (et d'âme) à plein temps, s'époumonant pour te garder dans le droit chemin et t'éviter les ronces ou pour t'épargner la noyade en te zieutant depuis l'autre rivage avec des jumelles façon *Alerte à Malibu* ?

Pour de la promo, il m'arrive de passer à la télé. C'est ce que je redoutais le plus, parce qu'évidemment il aura fallu que je sois bien vieillissant avant de gesticuler devant des caméras ! Alors voilà, j'ai dû accepter qu'on me voie tel que je suis, avec mes qualités et mes défauts. Aujourd'hui, avant chaque prestation, je pars du principe que 90 % des gens se ficheront royalement de ce que je raconte, que 6 % me détesteront d'emblée à cause de ma tête, de mes propos ou tout simplement de ma présence sur un plateau, et que 4 % m'aimeront bien. Il va sans dire que si je pouvais accéder aux pensées des spectateurs, ou si je me souciais de parcourir les commentaires sur les réseaux sociaux, je serais horrifié. Le pire, c'est que les gens m'ayant à la bonne m'apprécient peut-être pour de mauvaises raisons, et que mes détracteurs visent peut-être en plein dans le mille. J'ai donc cessé de me soucier du qu'en-dira-t-on. Je te souhaite cette forme d'indifférence qui est la mienne.

Les histoires des autres t'ensevelissent

Quand tu étais enfant, le soir, pour te consoler des histoires effrayantes qui tournaient dans ta tête, on te racontait d'autres histoires, de princesses, d'ogres, de Jedi, *tutti quanti*. Le même processus est à l'œuvre dans ta vie aujourd'hui : des histoires te font peur (le réchauffement climatique, le terrorisme, la Covid, Poutine...) ; toutefois, des grandes figures condescendantes se proposent de te consoler (nous allons organiser la transition écologique, renforcer la laïcité, moderniser l'hôpital, protéger les citoyennes et les citoyens...) et tu n'en crois pas un traître mot. Je te mets au défi de me citer quiconque dans ton entourage gobant les histoires qu'on nous raconte pour nous rassurer. Tu pourrais plus facilement m'en citer qui ne croient pas même aux dangers qui nous menacent ! Si tout problème a sa solution et qu'il n'y a pas de solution, c'est qu'il n'y a pas de problème. Impossible de faire face au réchauffement, alors il n'y a pas de réchauffement ou ce n'est pas un problème si crucial. Dans le jargon psy, on parle de dissonance cognitive pour qualifier l'inconfort résultant de nos contradictions insolubles[1]. Comme dans la fable de La Fontaine : le renard rêve de croquer les raisins, mais ils sont hors d'atteinte, alors il arrive à se convaincre qu'ils ne valent rien. Tu dis X mais tu fais Y et pas X, alors tu dois te raconter une histoire, tu dois rationaliser, pour que X justifie Y (ou réciproquement). Ou pour disqualifier les gens qui font X. Tu jettes alors le bébé avec l'eau du bain : si tu détestes Greta Thunberg, la tentation sera grande de mettre la cause qu'elle défend dans le même sac. Tu fais dans la mauvaise foi pour te protéger des récits des autres, même ceux qui entendent te protéger ou protéger l'humanité.

Tu détestes qu'on te « raconte des histoires », c'est-à-dire des histoires prétendant rendre compte de la réalité sans correspondre aux tiennes, qu'il s'agisse des politiques qui paraissent utiliser un langage parallèle

1. Léon Festinger. *Une théorie de la dissonance cognitive.* Enrick B Éditions, 2017.

pour parler d'un monde auquel ils n'appartiennent pas, ou des médias qui peuvent donner l'impression de voir midi à leur porte. Par exemple, le fameux « sentiment d'insécurité » répété à l'envi accuse les citoyens concernés d'affabulation, de raconter des sornettes, de se faire des idées, et finalement de produire, eux, des histoires décalées.

Dès le matin, ces histoires étrangères à ta réalité propre tentent de s'imposer à toi. Tu as à peine le temps de penser à ta journée, encore moins au cours de ta vie, qu'il te faut composer avec les plaintes des autres, le récit de leur week-end, leur opinion sur l'actualité, leur santé, leurs amours, leur boulot, leurs voitures, leurs chiens, leurs enfants, leurs repas, leurs opinions politiques, leurs observations météorologiques, et tu parviens à peine à leur échapper que te parviennent des histoires plus périphériques et pourtant aussi parasites de ton quotidien : la crise économique, le climat, le terrorisme, la pandémie, le football, la politique, les violences diverses, les grèves, les migrants, la religion, les États-Unis, la Russie, l'Ukraine, le Brésil, le Royaume-Uni, Lady Gaga, Elon Musk, Donald Trump, les derniers scandales sur les réseaux sociaux, la dernière série à la mode, le dernier rappeur provocant, la dernière coupe de cheveux, le dernier iPhone, le prix Goncourt, le tour de France, Roland-Garros… Je pourrais continuer ainsi pendant des pages. Ces histoires arrivées à d'autres finissent par emplir ton champ de vision, ton attention et tes ruminations davantage que ne le font tes histoires personnelles. Et ces histoires donnent lieu à des commentaires qui volent la vedette à leur sujet d'origine. Les commentaires deviennent eux-mêmes des histoires qui suscitent des commentaires. Les commentaires, en somme, deviennent des événements majeurs auxquels les événements initiaux ne servent guère que de prétextes. Après tout, le véritable événement, c'est l'opinion.

Et toi, et toi, et toi ? Toi qui t'accuses d'égoïsme si tu cherches à te recentrer sur tes désirs, comment savoir qui tu es dans ce fatras ? Comment trouver le temps d'y réfléchir ? Des dizaines de digressions finissent par s'imposer comme histoire principale et servent de prétexte à t'éloigner de ton Livre de vie. Et tu n'y comprends plus rien.

Mme Bovary 2.0

L'insatisfaction de ta vie t'amène, à la faveur de fantasmes, de films ou de lectures, à en rêver une autre, et à te rêver autre, illusion qui ne sera jamais à la hauteur de tes attentes et ne fera qu'augmenter ton niveau d'insatisfaction. Inspiré par le roman de Flaubert bien sûr, le terme de bovarysme est apparu en 1892 dans un ouvrage dont le sous-titre était *La Psychologie dans l'œuvre de Flaubert*[1]. Notion psychologique donc. En

1. Jules de Gaultier. *Le Bovarysme*, 1892.

plein dans notre sujet[1] : là où d'autres s'en contenteraient, c'est comme si ton existence n'était pas la tienne. Celle de Mme Bovary semble bien sous tous rapports, seulement voilà, l'ennui ronge cette brave dame sans histoires (du moins, sans histoires à son goût), et la lecture des romans lui fait battre la campagne au point de se persuader de commettre un adultère médiocre au nom de ce qu'elle veut croire un magnifique amour romantique. C'est comme ça qu'on devient Don Quichotte et qu'on charge des moulins à vent : on se raconte une histoire crédible à nos yeux seuls, et, pour ridicule qu'on soit, au début on n'est pas malheureux, et peut-être l'est-on moins que les pauvres bougres plus réalistes. Mais les histoires, d'amour notamment, qu'échafaude Emma Bovary sont trop belles pour être vraies, et la chute n'en est que plus implacable. Les personnages falots qui l'entourent ne sont pas à la hauteur du romantisme capiteux qu'elle appelle de ses vœux. « Mme Bovary, c'est moi ! » assumait Flaubert. C'est moi aussi ! C'est toi ! Toujours ou presque, nos contes de fées sur mesure se fracassent sur la réalité. Pourquoi diable nos histoires, *a fortiori* quand elles nous donnent le beau rôle, restent-elles lettre morte ?

Heureusement, nous avons plus d'un tour dans notre sac : nous brodons de nouvelles histoires qui prennent le relais des autres… et où nous sommes fabuleusement,

1. Je te le donne en mille : une édition ultérieure fut sous-titrée *Essai sur le pouvoir d'imaginer* ! Jules de Gaultier, mon frérot !

supérieurement, inimitablement déçus. Encore une fois. Nul n'est plus malheureux que nous ! Nos dépressions sont des gouffres ! Tant mieux, dans le fond : plutôt l'effondrement sublime que la banalité fadasse.

Alors, embarquement immédiat pour le bovarysme numérique, où tu t'inventes une fausse vie meilleure en orchestrant des petits bouts de la vraie. Tu te métamorphoses pour la galerie, et tu finis peut-être par jalouser ton double sur la Toile, par l'admirer comme si tu n'en étais que la préfiguration dans les coulisses. Toi aussi, tu peux croire à ton personnage public. Et tant que lui ne présente pas de failles, de vices de forme, tant qu'il est ton meilleur imprésario, tu peux te prendre pour quelqu'un d'important. Au moins, aux yeux de qui se contente d'admirer la surface.

Faux self et selfie

Ainsi, les réseaux sociaux brouillent encore davantage les cartes. Ils sont la continuation de l'esprit de clocher par d'autres moyens. Au lieu des voyeurs désœuvrés de jadis qui lorgnaient derrière leur rideau la vie morne d'un village isolé sous un ciel hivernal, remarquant qui allait à la messe, fricotait, s'en allait traîner au bistrot, ce sont dorénavant des voyeurs désœuvrés qui épient un village global. Qui a mal agi ? Qui avait quelque chose à cacher, et qu'une bonne âme a déterré trente années plus tard ? Qui ne pense pas comme il faut ? Qui s'amuse de ce qui devrait rester un sujet sérieux ? Qui dénoncer pour montrer qu'on est soi-même irréprochable ? Et bien sûr, comment mettre en scène son histoire à soi pour mériter un brevet de moralité, susciter un brin de jalousie, et mériter un bon coup de tampon « vie réussie » ? À quel récit fictif, traficoté, retouché, hypocrite s'astreindre pour qu'on nous accepte ?

En outre, comme il est pratique de simuler un intérêt pour des gens éveillant à peine ta curiosité, mais sans t'engager aucunement ! C'est comme les conversations minimalistes que tu tiens parfois dans la vraie vie avec ces individus qui te sont familiers, ces commerçants, voisins, badauds, que tu ne te soucies pas de connaître. Tu pioches dans ton bréviaire de lieux communs une histoire minimale à partager : en l'occurrence, le plus souvent, le temps qu'il fait. Prodigieux rouage social ! Mirifique sésame qui à la fois ouvre tous les échanges et te permet d'en sortir en ralentissant à peine le pas ! Le temps qu'il fait depuis la veille, ce qu'on nous annonce pour les heures à venir représentent une histoire racontable par tous, présentant un centre d'intérêt commun supposé, avec un avant et un après, des événements et leurs conséquences vérifiables par n'importe quel non-spécialiste, et pourtant n'engageant strictement à rien. Je te dis bonjour, on a constaté qu'il fait beau, chacun peut reprendre son chemin qui n'intéresse pas l'autre. D'ailleurs, les réseaux sociaux, quand ils ne se piquent pas de militantisme, c'est ça ! Je like ta jolie photo, ta salade végane, ton sourire chafouin ou ton rictus en bec de canard sur ton selfie, mais ça ne m'engage pas. C'est ton anniversaire ? Je te le souhaite en deux mots ou avec une boutade, ce qui me dispense de t'appeler pour prendre de tes nouvelles pendant vingt minutes, et tu n'entendras plus parler de moi pendant quatre mois. Rien de plus asocial, fort souvent, qu'un réseau social.

Chacun devient non seulement un petit média, mais une grande histoire. On se montre épanoui, on ne visite un bel endroit que pour réaliser un selfie attestant qu'on y était, dans l'espoir de susciter un peu d'admiration chez les *losers* racrapotés dans leur canapé ou les transports en commun. On a très bien compris que la société du spectacle s'est transformée en société du critique : comme jadis les gladiateurs des jeux du cirque, on attend des pouces en l'air ou baissés pour connaître notre destinée. Sera-t-on digne d'intérêt ? Aura-t-on su mendigoter l'approbation de qui nous indiffère ? D'autant que la moindre notoriété s'accompagne du sentiment étouffant que lorsqu'ils nous éreintent ou, plus brièvement, nous portent aux nues, nos juges anonymes et multiples parlent de quelqu'un d'autre, de notre masque. Et que la vérité, le droit de réponse au mieux ne les intéressent pas, au pire leur semblent une agression.

Et puis un jour, avec un peu de chance, on comprend que ce n'est pas le nombre des suiveurs qui comptent, mais la qualité d'amour apportée par les quelques-uns qui nous accompagnent. Tu n'as plus besoin de te rassurer en plaisant à une masse susceptible et suspicieuse, un troupeau d'examinateurs qui ne t'aiment que *si* tu remplis leurs conditions (c'est-à-dire, pour résumer, si tu leur ressembles, mais en un peu moins bien), désormais tu te contentes de la poignée d'êtres humains imparfaits que tu aimes et qui t'aiment SANS condition, malgré les failles et les béances de ta vie que tu ne montrerais jamais sur ton profil, et ta tête du matin que tu n'arborerais jamais sur un selfie.

Tôt ou tard, tu te lasses de mentir pour complaire à ces énergumènes qui s'agitent et qui braillent dans le lointain de la Toile, et qui ne t'aiment pas assez pour t'accepter sans te disséquer. Plutôt mourir que te faire autopsier de ton vivant. Fin du charivari Bovary, retour à toi, à l'essentiel. À l'histoire la plus vraie possible.

Histoires fardées de la séduction

Ce n'est pas pour ta communauté que tu entends garder tes plus beaux talents de séduction : tous ces spectateurs distants sont la forêt qui cache l'arbre ! La quête du grand amour sans faux-semblants pour UNE personne unique, telle est notre triste, et noble, et merveilleuse affaire à toutes et tous. Bien avant de choisir un métier ou de t'engager dans une filière d'études, durant ton enfance peut-être, ton adolescence à coup sûr, tu griffonnais, sans les écrire, tout un tas d'histoires sur cette tête de garçon ou de fille sympathique qui te plaisait tant dans la cour de récré, qui ne te regardait jamais assez, dont tu guettais la moindre œillade, le moindre geste, le moindre sourire, pour calculer tes chances de plaire.

De quelle histoire parle-t-on, dans une histoire d'amour ? D'une rencontre, d'abord, où deux personnes peuvent se laisser surprendre par l'émotion qui les gagne alors qu'elles se révèlent sans calcul l'une à l'autre, en toute spontanéité, sans anticiper quoi que ce soit. Dans ce cas, on n'a rien fait de spécial pour briller, mais une sorte d'évidence s'impose d'elle-même. Comme dans la chanson :

> *On s'est rencontrés par hasard*
> *Et tu n'as rien fait pour chercher à me plaire*[1]*...*

Mais quand il s'agit de séduction consciente, alors là, nous entrons dans une tout autre catégorie d'histoires. Tu sais ce que disait Marcel Pagnol à propos des couples naissants au théâtre : « S'ils baisent, c'est une comédie. S'ils ne baisent pas, c'est un drame. » Il oubliait simplement le genre de la tragi-comédie, où toutes les émotions se mélangent et où la comédie peut tourner au drame, plus rarement l'inverse. En tout cas, il s'agit bien de personnages qui s'évaluent, se jaugent et prennent le risque de tenter quelque chose. Si tout

1. Celle-ci n'était pas chantée par Annie Cordy, mais, au début du XXe siècle, par Paulette Darty (eh, tu as vu mon côté M. Cyclopède ?). Elle s'appelle *Fascination*. Une valse kawaii.

est clair et qu'il s'agit juste, pour eux, de s'amuser, leur probabilité de souffrir est minime. Encore que...

Si tu attends autre chose... au début tu bonimentes, tu tentes d'ensorceler l'autre, tu guettes ses élucubrations à ton sujet. Une petite dose de mauvaise foi t'aide à jouer ton rôle : tu prétends espérer que tu ne triches pas à ses yeux, mais que tu donnes un avant-goût de ce que l'amour induira chez toi. Tu cherches à te convaincre que votre relation va te métamorphoser, qu'une transfiguration, qu'un coup de baguette magique feront de toi en permanence ce que tu prétends être. Tu escomptes que le coup de foudre te donnera un éclair de génie et que tu n'auras finalement pas triché sur la marchandise. Tu ne te forceras plus seulement à donner le meilleur de toi-même en présence de l'autre, mais tu seras toujours ainsi. Oh, la belle fable à laquelle tu t'astreins à croire pour oublier que tu mens, que tu n'es pas toujours une merveille ambulante !

Quand tu cherches à séduire, tu entends te montrer sous ton meilleur profil, ton meilleur jour, tu t'efforces de ne pas être trop moche, de paraître cool, de faire preuve d'humour, de culture. Mais puisque tu n'es pas ainsi 24 heures sur 24, tu caches la poussière sous le tapis. Il faudra bien que l'autre te voie à ton désavantage, au saut du lit, la mine empâtée, ou bien sous le coup de l'énervement, de la fatigue, te languissant de temps pour toi (ce qui est bien normal). Tes efforts vont se relâcher. Aimera-t-on l'intégralité de ce que tu es ou juste ton maquillage ? N'auras-tu créé qu'un mirage ? Te voici comme dans une chanson de David Bowie, cette fois :

Oh, what you gonna say?
Oh, what you gonna do?
Ah, what you gonna be?
To be real me, to the real me[1]*?*

Les écailles tomberont des yeux de l'autre : « OK, je n'avais pas lu tes clauses en tout petits caractères. Je n'avais pas compris l'obsolescence programmée qui rendrait ta comédie caduque. » Mais comme le rideau de fumée de tes propres illusions à son égard se sera dissipé aussi, vous vivrez une seconde rencontre. « Ah oui, en vrai, tu es comme ça ? Moi, je suis comme ça. Transforme-t-on le CDD en CDI à présent qu'on avoue tous les deux avoir gonflé notre CV ? » Avec un peu de chance, l'amour continuera, se renforcera peut-être, changera de registre en tout cas. Tu comprendras qu'il s'adapte ou disparaît. Qu'au mieux l'éclat initial aveuglant ne s'estompe que pour laisser la place à une douce lumière. Et qu'au pire la flamme vacille et s'éteint dans un petit souffle un rien fétide.

Du côté de chez bof

« Dire que j'ai gâché des années de ma vie, que j'ai voulu mourir, que j'ai eu mon plus grand amour, pour

1. David Bowie, *What In The World*, album *Low*, 1977.

une femme qui ne me plaisait pas, qui n'était pas mon genre ! » Ainsi s'achève *Un amour de Swann*, partie centrale de *Du côté de chez Swann*, premier volume de *À la recherche du temps perdu*. Étrange, cet *Amour* de Charles Swann, qui se passe des années avant la *Recherche*, sorte de flashback incrusté là par un Proust bricoleur pour préfigurer les crises de jalousie qu'éprouvera le narrateur en s'éprenant d'Albertine. Pour l'heure, donc, c'est Swann qui s'est amouraché d'Odette de Crécy et qui en a perdu la santé, une partie de sa respectabilité, et presque la raison. Et tout ça pour quoi ? Pour une femme qu'il n'aurait dû considérer qu'avec indifférence s'il ne s'était monté le bourrichon tout seul à son sujet. Là où le père Marcel connaissait son affaire, c'est que si tu lis *Un amour de Swann* tout seul, et c'est possible puisqu'il n'y a que ce fragment d'œuvre-là qu'on puisse apprécier indépendamment de tous les autres, tu en conclus que Swann revient de son erreur et retrouve la maîtrise de lui-même. Mais si tu as lu auparavant le début de *Du côté de chez Swann*, tu sais qu'après avoir dissipé le sortilège amoureux et regardé se faner ses sentiments, Swann est resté avec Odette malgré tout. Il l'a même épousée.

Certaines histoires conservent leur force d'influence ou leur pouvoir d'attraction même quand on en a pris conscience. L'amour éprouvé par Swann est initialement attisé quand il attend vainement Odette à une soirée et parce qu'elle ressemble à un Botticelli, et puis, bien sûr, du fait d'une jalousie ensorcelante, mais certainement pas pour le charme de la conversation de l'intéressée et à peine pour son physique. Proust avait consacré plusieurs nouvelles aux histoires qu'on écrit dans sa tête à propos de quelqu'un qui paraît insensible à nos charmes ou qu'on se désespère de connaître mieux. Ça t'est arrivé, d'élaborer toute une histoire obsessionnelle pour quelqu'un dont tu ne savais rien, de concevoir de l'amour pour une personne que tu venais d'inventer et que l'effet de halo avait monté en mayonnaise ? Moi oui ! Et plus d'une fois, sapristi ! Avec le temps, on tombe amoureux de l'histoire de l'autre, pour autant qu'on parvienne à la cerner, et pas de celle qu'on lui prête.

Quand je pense quelles bêtises on peut imaginer à propos des personnes qui nous sont, temporairement ou non, les plus précieuses, je suis terrifié à l'idée des jugements péremptoires que nous émettons tous en permanence à propos de celles qui ne nous sont connues que par ouï-dire, que ce soit dans la presse ou sur les écrans. J'ai moi-même multiplié les approximations grossières sur mes propres parents. Tu penses bien qu'après la phase de vénération inconditionnelle de mon enfance, je me suis déchaîné en tant qu'adolescent qui se croyait fin psychologue et persuadé de les connaître mieux qu'ils ne se connaissaient eux-mêmes. Je comprenais tout de leur rencontre, de leur relation au long cours et des ravages en eux du temps qui passe. Je savais à quoi ils avaient renoncé, face à quelles réalités ils avaient capitulé l'un et l'autre, ou l'un contre l'autre.

Je savais ce qu'il leur aurait fallu faire pour être plus heureux, et qu'ils ne feraient jamais. Je savais comment m'y prendre pour ne pas tomber dans ces pièges-là le moment venu, moi le malin.

Et puis en grandissant, en inaugurant mes propres histoires amoureuses et sexuelles, et après quelques baffes dans la tronche, la confrontation à la complexité m'a incité à mettre de l'eau dans mon vin. Quand je fus suffisamment mûr pour qu'ils me fassent des confidences, et quand quelques vieilles lettres ou photos m'eurent montré l'évidence, je gagnai quelques galons d'humilité. Jusqu'alors, je n'avais pas tout à fait rien compris, mais pas loin. Les histoires (surtout les plus grandes de toutes, les plus enivrantes quand on les reconstitue : les secrets !) que j'avais cru deviner étaient des fables. J'avais mouliné pendant des années comme un dératé, recrachant mes fadaises avec mon petit air de supériorité, et je me sentais maintenant tout penaud. Mais je ne suis pas un cas isolé, si ?

Aspérités de postérité

Sans même parler de tes parents, si tu as des enfants, tiens, tu crois que tu les connais si bien que ça ? Je parie que tu projetais plein de choses avec eux : comment tu leur ferais découvrir tes films préférés, comment tu les initierais à la musique, quels jeux vous partageriez… Et puis voilà, tu t'aperçois qu'ils ne sont pas sur Terre pour devenir une meilleure version de toi-même. Ce que tu prenais pour des sommets culturels universels à leur faire découvrir ne suscitent souvent, au mieux, qu'un intérêt à peine poli. Ils ont leurs propres codes et références, que tu trouves certainement médiocres. C'était mieux au temps de ta jeunesse, on savait s'amuser, mais l'art de vivre dont tu étais le fleuron s'est perdu dans l'indifférence générale. J'en passe, tu connais sûrement ça par cœur.

Qu'ont-ils vraiment dans la tête et dans le cœur, tes enfants ? Qu'est-ce qu'ils te cachent, par peur que tu t'inquiètes pour pas grand-chose, parce que tu ne pourrais pas comprendre ou pour le plaisir de maintenir leur jardin secret loin de tes yeux indiscrets ? Que pensent-ils vraiment de toi, comment te jugent-ils ? T'aiment-ils vraiment comme tu le mérites, comme tu le voudrais ? Fais-tu bien ton boulot de parent ? Sont-ils convenablement armés pour l'avenir, sauront-ils un jour voler de leurs propres ailes autrement que pour se prendre un mur ou se faire tirer dessus ? Tes histoires à leur sujet sont sans nombre, elles crépitent, c'est un feu d'artifice où les échos émus de leurs toutes premières années se mêlent aux observations du présent et aux plans sur la comète devant un avenir menaçant. Ce sont des geysers de romans qui jaillissent, se concurrencent, retombent ou se transforment à peine formés. Tu ne scénarises plus seulement pour toi, mais pour ce que tu laisseras et qui te survivra. C'est dire si ta créativité bouillonne.

Si tu es parent, tu ne peux pas t'empêcher non plus, dans un coin de ton crâne soupçonneux, de te demander quelle histoire tes enfants rapporteront de toi à leur propre progéniture. Et tu redoutes le pire. Peut-être ne se fendront-ils que d'un portrait trop général pour être intéressant. Plus vraisemblablement, ils colporteront quelques anecdotes qui leur paraîtront saillantes et que tu auras peut-être oubliées. Ils retiendront peut-être un mot, un geste, une réaction trop vive, une maladresse, une erreur d'appréciation, qu'ils isoleront du reste et qui, de l'autre côté des brumes du temps, leur semblera ta description fidèle. Peut-être même colporteront-ils à ton sujet, inlassablement, une historiette qui te cataloguera alors qu'elle est apocryphe. Non, tu n'auras jamais dit la fameuse phrase qui tournera en boucle, ou pas exactement en ces termes, ou pas pour les raisons qu'on suppose, mais que ça te plaise ou pas, il ne restera guère de toi que cette partie émergée de l'iceberg. Tu seras comme ces poètes qui furent importants pour leur époque et ont écrit des milliers de vers dont la postérité ne retiendra qu'un seul, isolé de son contexte et virant au cliché vide de sens et d'émotion. Il ne restera rien de tout ce que tu as été, de tout ce que tu as fait, qu'une image embuée sur un miroir déformant qui se lézarde toujours plus, consulté toujours moins.

Houlà, je glisse dans le pessimisme, je te l'accorde. N'empêche que les êtres qui te sont le plus précieux te connaîtront bien mal, ils ne pourront jamais te comprendre tout à fait, et ne se soucieront vraiment de te connaître à fond, s'ils s'en soucient, que lorsqu'il sera trop tard. Ils auront autre chose à penser, à éprouver, à vivre par eux-mêmes plutôt que de regarder en arrière. Parce qu'avec le temps, oui, tu seras en arrière. Non plus à côté d'eux, mais sur la rive pendant qu'ils prendront le large. C'est ainsi. Une histoire de vie chasse l'autre.

Apocryphes externes

Je viens d'évoquer les histoires apocryphes, celles qui courront sur ton compte mais ne reposeront sur rien. Laisse-moi t'en toucher deux mots, hors contexte familial, et sans même que des décennies de recul ne noient les détails.

Quelques années après le bac, lors d'une soirée de retrouvailles entre anciens combattants du lycée, une jeune femme, l'œil tout admiratif, raconta à la docte assistance que j'étais un grand seigneur parce qu'un jour j'avais saccagé à moi tout seul une boîte de nuit. Ne me demandez pas pourquoi elle était sensible à l'anecdote, je l'ignore. Une autre surenchérit : j'étais capable de diversifier mes exploits puisque, jurait-elle, je m'avérais un impressionnant pianiste. D'ailleurs, j'avais joué pour elle un jour qu'elle avait visité mon domicile.

Les deux demoiselles tombèrent de haut quand j'expliquai à la première que je n'avais jamais, au grand jamais, saccagé ladite boîte puisque je n'y avais jamais mis les pieds (et je n'en avais démoli aucune autre), et à la seconde que j'étais trop mauvais derrière un clavier pour jouer devant qui que ce soit. Elles ne voulurent rien entendre : si, j'avais renversé les tables et les chaises dans la boîte, tout le monde le savait, et si, j'étais un musicien virtuose mais trop modeste. Bon. Que veux-tu… Au fil du temps, il m'est régulièrement revenu aux oreilles le récit d'histoires dont j'étais censé être le héros (ou le vilain). Mes démentis ne furent jamais pris au sérieux. Je ne sais pas comment ces historiettes sont nées, mais il faut croire qu'elles m'allaient bien au teint. Et le plus troublant, ce sont les témoins qui jurent avoir assisté aux scènes décrites, et toujours plus enjolivées (ou corsées) à chaque récit.

Certaines des histoires qui courent sur notre compte peuvent donc être apocryphes, tout en ayant la prétention de nous peindre avec vraisemblance, et j'en sais quelque chose. À l'inverse, la mémoire peut manquer alors même qu'elle serait précieuse. Une amie de collège que j'ai retrouvée des décennies plus tard a raconté à son mari que j'étais le type le plus drôle qu'elle eût jamais côtoyé dans sa scolarité, et que mes fredaines en plein cours étaient restées légendaires. Quand je lui demandai de me citer celles qui l'avaient le plus marquée, elle fut incapable de se souvenir du moindre épisode. Il fallait la croire sur parole… J'adore. Et je ne sais jamais trop quoi penser des gens qui, des années plus tard, me confessent, l'œil humide : « Tu sais… j'ai jamais oublié ce que tu m'as dit ce jour-là. Ça m'a beaucoup aidé, j'y repense encore. » Le problème, c'est que je n'ai généralement pas la moindre idée de ce que j'ai pu leur dire. D'ailleurs, je ne leur avais peut-être rien dit !

Il faut en prendre son parti : de nombreuses histoires qui sont racontées sur ton compte n'ont pas eu lieu. Et de nombreuses histoires parmi celles qu'on tient pour vraies sont fausses. Les bruits colportés sont des malentendus et des dialogues de sourds. Et je ne parle pas des histoires fossilisées, paralysées, momifiées, parce que leurs auteurs refusent de les faire évoluer. Ça m'est arrivé avec mes parents, qui ressassaient certaines anecdotes en boucle et refusaient d'envisager qu'elles aient cessé d'être représentatives. J'avais dit ceci à quinze ans, donc, des décennies plus tard, j'étais toujours le même qu'à quinze ans. J'étais d'une santé fragile à l'école primaire, donc j'étais encore à l'agonie, toutes ces années après. Je n'aimais pas passer à table en maternelle, donc je me laissais mourir de faim à l'âge adulte. Les gens n'aiment pas mettre à jour leurs histoires sur ton compte. Ça dérangerait leur petit monde. Ils pensent avoir compris des trucs sur toi ; ces bons psychologues ont montré leur sagacité, il est hors de question que tu leur glisses des mains. Ils révèlent ta face cachée à la cantonade en égrenant les boutades dont ils entendent constituer ta légende. Ils ont saisi au vol ce qui les a frappés et ne le lâcheront pas. Et ils diront que c'est toi. Ils croient te détenir en entier dans un vieil incident, une habitude disparue, un souvenir. On jurerait ces personnages stéréotypés du romantisme qui pleurent sur un mouchoir parfumé ou la fleur séchée tombée d'un livre comme si l'être aimé y était tout entier enclos.

Ce qu'on connaît de toi paraît crédible, vraisemblable, et pourtant, ce toi-là est inventé, avec un fond de vérité, mais un fond maigrichon. Et tu peux toujours essayer de t'en épousseter, de t'ébrouer, ces racontars te colleront à la peau comme le sparadrap du capitaine Haddock. Tu n'es pas propriétaire des histoires qui composent ton histoire. Tu le constates avec agacement sur les réseaux sociaux où le moindre mot de travers, que dis-je, où le moindre mot juste mais interprété de travers peut te valoir le bannissement, la calomnie, et même, à long terme, la suspicion et les préjugés. D'où le désarroi des malheureux youtubeurs et influenceurs qui se retrouvent lynchés du jour au lendemain parce que leurs troupeaux de moutons de Panurge ont décidé que le vent devait tourner, et montrent autant de zèle aujourd'hui dans la dénonciation publique qu'hier encore dans l'obséquiosité béate.

Apocryphes internes

Que tes histoires te semblent flamboyantes ou pantelantes, ce sont les tiennes. Les autres peuvent raconter ce qu'ils veulent, inventer de toutes pièces des chapitres, prétendre te juger, toi, tu sais ce qui s'est passé ! Tu es dépositaire de la réalité !

Enfin, peut-être pas… As-tu déjà remarqué combien les scènes d'un film qui avait marqué ta mémoire, ou les photos d'un jour considéré par toi comme inoubliable sont parfois trompeuses ? Tu aurais juré que cette scène romantique ou violente était tournée autrement. Qu'à cette fête mémorable, ton meilleur ami n'était pas là, par exemple, et que les événements n'ont pas pu se dérouler vraiment comme dans ton souvenir. Depuis des années, tu perpétues des anecdotes en les racontant à qui veut les entendre. Tu n'as jamais oublié l'impression qu'elles ont produite en toi. Tu as peut-être même l'impression qu'elles ont grandement contribué à forger ta personnalité. Mais ce sont des mensonges, auxquels tu as cru de bonne foi[1].

Une vieille dame m'a un jour raconté comment, dans sa jeunesse, la prestation de Greta Garbo dans *Anna Karénine* l'avait marquée à vie. Elle m'a mimé la scène finale, les expressions du visage de l'actrice. Après avoir vu le film moi-même, je n'ai pas osé la détromper, mais rien ne ressemblait à l'épilogue qui l'avait si passionnément marquée au fer rouge pendant toute sa vie.

Il arrive même que des couples soudés soient en désaccord sur l'événement, historique à leur échelle, qu'est leur rencontre. Les deux n'ont absolument pas la même version. Autrefois, pour financer mes études de psycho, j'étais ce qu'on appelle écrivain privé : des gens d'un certain âge me racontaient leur vie, que je transcrivais à leur place dans des petits livres distribués ensuite à leur famille. Combien de fois les enfants m'ont-ils assuré que les souvenirs de leurs parents étaient pour le moins déformés ? À qui donner raison, alors ? Le pire qui me soit arrivé, c'est lorsqu'un monsieur, contrevenant à la règle qui voulait que nos conversations se déroulent

1. Elizabeth Loftus & Katherine Ketcham. *Le Syndrome des faux souvenirs*. Exergue, 2012.

en tête-à-tête, admit sa femme auprès de lui. Nous avons dû passer une vingtaine d'heures ensemble, et pendant vingt heures, elle a contredit systématiquement les souvenirs de son mari. Je te laisse imaginer dans quel embarras je me suis trouvé pour écrire ce foutu bouquin.

Tiens, je vais t'en sortir une bien bonne. Personnellement, je mettrais ma main au feu que j'ai rencontré celle qui allait devenir ma femme dans un bar, où une bande d'amis communs nous avaient tous deux invités à une soirée d'anniversaire. Ensuite, nous avons gagné un restaurant voisin. Mais elle jure ses grands dieux que notre rencontre s'est déroulée directement dans le restaurant.

Le souvenir des événements, même majeurs, n'est pas fiable mais friable. Ton Livre de vie est rédigé sur des sables mouvants, et ce que tu crois gravé dans le marbre ne cesse de se modifier. Il t'est peut-être déjà arrivé de rêver que tu écris. Ou que tu lis. Dans les deux cas, à peine parviens-tu en fin de phrase que le début s'est déjà estompé. Impossible de garder le fil. Il en est ainsi avec la mémoire à l'état d'éveil, et il faut que notre cerveau soit remarquablement agencé pour que nous ayons l'illusion d'une identité unique, d'une personnalité d'un seul bloc et d'une histoire en fil d'Ariane parcourant d'un seul trait le labyrinthe de la mémoire, alors que les fils sont en réalité multiples, emmêlés, interrompus, décolorés, le plus souvent évaporés.

Quand tu te racontes ton histoire, et toutes les recherches sur la mémoire en psychologie le démontrent[1], tu ne vas pas extraire un souvenir d'un tiroir, ni le contempler comme sur un album photo : tu le racontes, et donc tu le reconstruis. Un souvenir vieillissant tourne à la fiction, chaque nouvelle évocation étant une reconstitution de la dernière reconstitution, jusqu'à ce que l'événement initial se trouve défiguré, parfois méconnaissable. Ce dernier resurgit parfois *via* une autre mémoire, involontaire et sensorielle : c'est la madeleine de Proust qui ouvre un raccourci vers des sensations brutes, jamais sollicitées, lorsque nous racontons intentionnellement, avec des mots seuls, un événement. Cette mémoire-là résiste au discours, elle est l'écho lointain direct de la réalité. Mais sitôt que tu entends *décrire* un souvenir sensoriel, le recours au langage te fait changer d'évocation et de mémoire, te ramenant à une vérité abstraite et générale, celle d'aujourd'hui, pas du passé. Ta machine à remonter le temps avait un siège éjectable, que tu as actionné en cessant de savourer le goût de la madeleine pour expliquer pourquoi c'est bon.

Ton Livre de vie ressemble donc à un ouvrage de Poudlard dont le texte autonome et facétieux se modifierait à chaque lecture pour que personne ne déchiffre jamais tout à fait la même histoire, pas même le scribe. Et ce que tu prends parfois pour un épisode capital, représentatif de ce que tu es, n'est très vraisemblablement

---

1. Francis Eustache. *Pourquoi notre mémoire est-elle si fragile ?* Le Pommier, 2015.

qu'une blague répétée de loin en loin. Ce que tu as ressassé de ton histoire, ce que tu t'es remémoré avec le plus d'insistance, ce ne sont pas les événements, mais leur récit. De même qu'on peut confondre une carte avec son territoire, un reportage partial avec la réalité, tu confonds l'interprétation des événements avec les événements. Tu confonds ton histoire et ce qui s'est vraiment passé. Tu *n'es* pas ton histoire. Tu en es dépositaire, et elle t'échappe des mains.

Présomption / péremption

Certaines histoires souffrent d'une date de péremption. Ce qui suscite l'enthousiasme et héroïse, mythifie, voire déifie des personnages historiques à une époque peut les décrédibiliser dans une autre. Marcher sur l'eau, multiplier les petits pains ou quitter sa tombe au bout de trois jours pour s'envoler aux Cieux, voilà des éléments de récit qui pouvaient asseoir une réputation de fils de Dieu et fortifier la foi voici deux millénaires, mais qui paraissent aujourd'hui des ajouts encombrants à un message dont l'essentiel n'est certainement pas là. De même, laisser mariner les pécheurs pour l'éternité dans une marmite pouvait frapper l'imagination de la mère de François Villon et la maintenir dans le droit chemin, mais si la forme poétique est toujours aussi belle, le fond suscite de nos jours au plus un vague haussement d'épaules :

> Femme je suis povrette et ancienne,
> Qui riens ne sçay, oncques lettre ne leuz ;

Au moustier voy dont suis paroissienne,
Paradis painct où sont harpes et luz,
Et ung enfer où damnez sont boulluz :
L'ung me faict paour, l'aultre joye et liesse[1].

En revanche, la promesse du paradis agrémenté d'une soixantaine de vierges, prise au pied de la lettre, est un des éléments (et un des éléments seulement) qui ouvrent la voie aux violences les plus inhumaines et les plus incompréhensibles. Par éclairs ou sur la durée, les histoires font l'Histoire. Hors même de la religion, les légendes des César ou Napoléon en conquérants de génie n'inspirent plus de vocations émues mais une lecture contrastée, tant il arrive que les héros perdent leurs vertus édifiantes et leur dorure pour apparaître mi-pitres, mi-épouvantails. Les statues s'écaillent, et les panthéons deviennent des égouts.

Et regarde celles et ceux que tu aimais, que tu admirais parfois, dans la vraie vie... Les amis d'hier sont souvent ceux d'hier, en effet, pas du lendemain, et nos retrouvailles éventuelles cherchent à renouer avec une intrigue hélas effilochée de longue date, ou à superposer une nouvelle histoire à l'ancienne en espérant que les deux soient raccord. Mais souvent, sans la jeunesse, les idéaux, l'alcool, on n'a plus rien à se dire que de strictes informations sur nos parcours respectifs, à moins que

1. François Villon. *Le Grand Testament.* « Ballade pour prier Notre Dame », 1461.

nous basculions dans la simple évocation de notre état de santé, comme ces vieillards qui nous tiennent d'interminables discours sur leur arthrite et leur hanche sans se soucier de notre cœur. Et il est sidérant, et effarant peut-être, de voir à quelle vitesse des histoires qui structuraient nos souvenirs, notre identité, croyait-on, ou notre emploi du temps, disparaissent de notre vie. Et avec quelle facilité ! Si tu les rencontrais aujourd'hui, tu construirais une tout autre histoire avec ces personnages. Ce serait la table rase, la virginité, sans rancœur, sans méfiance, sans passif, et tu te découvrirais peut-être d'excellents amis... ou des boulets. Quelqu'un qui a suscité en toi un amour éperdu, unique, adamantin, ne susciterait peut-être qu'une indifférence à peine polie si vous vous rencontriez aujourd'hui. Une histoire n'est pas essentielle, consubstantielle à quelqu'un, elle est le fruit d'une interaction qui varie suivant le contexte, vos âges respectifs et le hasard.

Et tu peux t'amuser à inventorier tes vieilles prétentions d'ado à l'excellence, à conquérir, à changer le monde, à faire mieux que les générations précédentes, et contempler le champ de ruines, en tout cas le rétrécissement, qu'en ont fait la réalité et la complexité. Que sont devenues tes belles histoires d'avenir ? En quoi crois-tu encore, ou non ? En quoi *en toi* crois-tu encore ? Quels contes de fées ou quelles sagas grandioses as-tu dû raboter, élaguer, équarrir, trancher dans le vif ? Tu as changé d'histoires en cours de route, inévitablement. Les registres de l'épique ou du merveilleux se sont colorés d'une bonne couche de grisaille, et le destin majuscule se rédige en plus petits caractères. Tu as l'impression d'avoir trahi quelqu'un d'autre, ton sosie en plus jeune, qui parlait et s'engageait sans savoir. Quelqu'un qui voyait le monde tel qu'il aurait dû être, et qui se croyait déjà adulte. Qui parlotait en promettant qu'on allait voir ce qu'on allait voir. Eh bien, tu vois.

Ton Livre de vie est plein de trous, de repentirs, d'omissions, et raconte tout et rien à la fois. Tu ne peux pas le contrôler. Et tu ne peux pas ne pas l'écrire, d'ailleurs il s'écrit tout seul et t'embarque alors même que tu voudrais le signer. En conséquence, tu ne sauras jamais qui tu es vraiment. Te voici en plein samsara, la réalité illusoire des bouddhistes dans laquelle tu te débats avec tes incarnations. Ou dans la vieille dualité grecque entre Héraclite et Démocrite. Héraclite, le philosophe désabusé qui se désole que tout soit mouvant, fugitif, trompeur, impossible à connaître. Et Démocrite, le philosophe lucide qui dresse le même constat… mais que ça amuse.

Moi, je vote Démocrite ! Ne pleure pas, on va jouer !

TROISIÈME PARTIE

Atelier d'écriture

Puisque ces mystères
me dépassent, feignons
d'en être l'organisateur.

JEAN COCTEAU

La quadrature du cercle : varier les angles

Ainsi va donc ta grande histoire. Elle se compose d'histoires plus petites, d'historiettes, de contes, de fables, de souvenirs déformés ou inventés, toujours sélectionnés et hiérarchisés, tout cela amalgamé par un interprète cérébral virtuose. À coups de schémas, de règles trop générales pour être honnêtes et du reste invérifiables, de biais cognitifs qui t'évitent l'indécision et entretiennent la paresse intellectuelle de te remettre en question, de stéréotypes confortables, il cimente ce mille-feuille en fiction plausible. C'est un scénariste hors pair, dont les fictions sont crédibles parce qu'elles s'inspirent toujours de la réalité, mais avec un degré de vérité tout juste suffisant. Son talent est tel que tu gobes tout, en oubliant qu'il s'agit d'une REPRÉSENTATION de la réalité et pas de la réalité elle-même. C'est UNE lecture, UNE écriture possibles. Quelqu'un d'autre qui vivrait la même chose n'écrirait pas la même histoire. Même ton jumeau ou ta jumelle, l'être le plus proche de toi qu'on puisse imaginer sur Terre, n'aurait pas le même Livre de vie en partageant le prologue de ton enfance.

Et toi-même, dans des circonstances à peine différentes, aurais pu vivre tout à fait autrement les événements les plus importants, les plus significatifs de ton existence. Si tu avais rencontré cette personne la veille ou le lendemain, elle n'aurait peut-être fait que passer dans ta vie tant l'effet papillon aurait pu provoquer ou calmer une tornade.

Ton histoire est à la fois un chef-d'œuvre de cohérence et une inanité factuelle. C'est quelque chose que tu as pris l'habitude de raconter, que tu ne cesses de modifier, le plus souvent à ton insu, et qui ne se révèle ni forcément plus stupide ni meilleur qu'une tout autre histoire que tu pourrais broder à partir des mêmes grandes lignes. Chacune de ces histoires possibles inspirées par la réalité de ce que tu as vécu aurait sa part de légitimité, de pertinence et d'à-propos. Mais il est impossible de définir laquelle serait, tout bien pesé, la plus précise. Si le relativisme est de mise, cela ne signifie aucunement qu'il ne te faille plus rien raconter ou te raconter sur soi-même (le voudrais-tu que ce serait impossible). Cela signifie que quitte à commettre une approximation, autant prendre conscience de ces limites, les accepter et en jouer. Autant élaborer une histoire crédible et bénéfique pour toi et pour autrui. Qu'elle te fasse du bien. Te donne de l'allant. Te fasse redresser la tête. Sourire. Comme chaque fois que tu te racontes une histoire pour tenter désespérément de comprendre quoi que ce soit à la complexité effroyable de la réalité, autant laisser ta bonne foi, avec le temps, l'emporter sur la mauvaise : tu croiras toi-même à tes nouveaux contes remplis d'indulgence, de bienveillance et d'espérance pour toi-même, tout comme tu as parfaitement réussi à croire aux anciens te décrivant parfois, peut-être, comme quelqu'un de difforme, de monstrueux, d'incapable, méritant la solitude et la frustration plus que la reconnaissance et l'amour.

Ton Livre de vie n'est pas seulement une question de *point* de vue, mais de *hauteur* de vue. J'entends par là qu'il faut savoir de quelle hauteur tu te regardes. Te places-tu dans une position haute ou une position basse ? Cherches-tu à te surplomber ou à te voir en contre-plongée ? Je m'explique. Le peintre génial Salvador Dali disait : « Mes contemporains sont tellement mauvais qu'il n'est pas difficile d'être meilleur qu'eux. Si je me compare à Vélasquez ou à Vermeer, mon œuvre est alors une catastrophe totale. » Si je me compare aux grandes figures de mon panthéon personnel (artistes ou écrivains), moi-même je me sens ridicule. J'appartiens à une autre humanité, celle des ratés, des fainéants, des traîtres à leur potentiel. Mais si je me compare à bien des somnambules que j'ai croisés dans ma vie, ou même à l'être paumé, pathétique et censément irrécupérable qu'il m'est arrivé d'être, je ne m'en sors pas trop mal. On dit aussi que quand on se regarde, on se désole, et que quand on se compare, on se console. Et toi, vas-tu te regarder d'en haut ou d'en bas ? De quel angle cerner ton profil ? Tu préfères désolation ou consolation ?

Quelle thérapie pour toi ?

Comment écrire de nouvelles pages plus agréables et réalistes dans ton Livre de vie ? Quelles habitudes acquérir, à quelle gymnastique intellectuelle s'entraîner pour passer du constat à l'action ?

Si tu souhaites faire appel à un·e psychologue professionnel·le, les thérapies cognitives[1], celles qui présentent les meilleures garanties scientifiques, te placent dans la peau de l'archéologue qui, à force de creuser la terre sur la surface des choses, découvre des fondations enfouies. Il ne s'agit pas, comme en psychanalyse, de trouver des coupables du côté de papa ou maman, d'identifier tes pulsions sexuelles refoulées parce que trop sales ou d'enfiler tes bottes d'égoutier pour arpenter un inconscient reluisant comme un dépotoir, mais bien de mettre au jour ces Tables de la Loi intérieures, ces logiques rigides, ces algorithmes machinaux, qui ont fait de tes conduites sous l'œil d'autrui et de tes jugements sur toi-même un répertoire de réflexes conditionnés. Quels sont ces schémas conditionnels (« Si… alors… ») qui filtrent ton appréciation des événements, influent sur tes choix, pressurisent la complexité jusqu'à l'élaguer de ses richesses et de sa signification[2] ? Quels sont ces règlements stupides, obsolètes et guindés qui te

1. Jean Cottraux. *Les Psychothérapies cognitives et comportementales*. Elsevier Masson, 7e éd., 2020.

2. Jeffrey E. Young, Janet S. Klosko & Marjorie E. Weishaar. *La Thérapie des schémas*. De Boeck, 2017.

rendent triste en prétendant faire ton bonheur ? Qui t'écrasent en prétendant t'élever moralement ? Au passage, tu débusqueras aussi les biais cognitifs qui sont leurs sentinelles et qui, toute paresse et mauvaise foi mises à part, ne demandent qu'à confirmer tes erreurs de jugement. Avec un peu d'entraînement, tu sauras pister les traces des schémas, reconnaître leur empreinte. Tu verras venir les biais cognitifs. Tu ne pourras pas vivre sans eux, mais tu feras preuve de prudence. Avant de prendre pour argent comptant ce que glapissent ces prescripteurs bavards, tu tourneras sept fois ton cerveau dans ta caboche. Tu te montreras moins catégorique pour juger tout le monde, y compris toi-même.

Les thérapies narratives, elles, t'aideront à raconter ton histoire autrement[1]. Aucunement à la déformer, la travestir : pas de révisionnisme, surtout, mais vraiment une autre perspective, un autre angle. En te concentrant sur d'autres détails que ceux qui te viennent spontanément à l'esprit pour qualifier ton parcours, en explorant et en évaluant d'autres points de vue sur les mêmes événements. Tu ne devras pas trouver « la » vérité sur ton histoire, mais parvenir à la remodeler, comme avec ces trompe-l'œil anamorphiques qui, suivant la focalisation de ton regard, paraissent tantôt une jeune ou une vieille femme, ou encore tantôt un canard ou un lapin. Tu ne relativiseras pas les événements au point de

1. Michael White & David Epston. *Les Moyens narratifs au service de la thérapie*. Satas, 2009.

changer un traumatisme en un coup de chance extraordinaire, mais tu t'entraîneras à leur donner une place moins structurante, ou bien à mettre l'accent sur ce que tu en auras appris sur tes capacités de résilience. D'autres thérapies encore, les thérapies du sens[1], te permettront non seulement de retracer ton parcours autrement, mais également de ne pas plaquer une interprétation univoque à ce que tu as traversé et de conférer à ce matériau brut une dimension supplémentaire : une signification. Une utilité quelconque pour toi ou pour autrui. Histoire que tu n'aies pas vécu ton histoire pour rien, ou pour personne. Histoire que ton boulet, ton poids mort, se fasse plus facile à porter et devienne même un signal d'espoir pour d'autres, qui sait.

Avec du recul, tu ne verras plus ton existence comme la juxtaposition anarchique de hasards disparates, comme « une histoire dite par un idiot, pleine de bruit et de fureur, et qui ne signifie rien », pour citer Macbeth, mais, si et quand tu le désires, comme un conte philosophique, une tragi-comédie, un récit de voyage. Il n'y a aucune raison pour que la vision la plus pessimiste et la plus désabusée de ta destinée soit la plus vraisemblable. Aucune raison non plus pour que ta vision la plus optimiste et la plus enjouée soit la plus réaliste. Mais quitte à être absurde, autant privilégier ce qui te fait le plus de

1. Viktor E. Frankl. *Découvrir un sens à sa vie grâce à la logothérapie.* J'ai lu, 2013.

bien. Simple question de pragmatisme. Tu sais ce qu'on dit : de deux maux, il faut choisir le moindre.

Ton histoire en poupées russes

Nous sommes en plein relativisme ? Allons encore plus loin !

Combien existe-t-il de toi ? Un seul, vraiment ? Voyons, le toi au travail est-il le même que le toi entre amis ? Que le toi en famille ? Que le toi sur les réseaux sociaux ? Que le toi dans la solitude ?

Quels sont leurs points communs et leurs différences ? Leurs styles vestimentaires, leur vocabulaire ? Ont-ils le même humour ?

Qui est le toi le plus authentique ? S'il ne devait en rester qu'un seul comme échantillon représentatif, lequel garderais-tu ?

Mais alors, qui sont les autres ? Des toi édulcorés, avec de l'eau dans ton vin ? Des toi masqués, travestis, des toi de comédie ? Des faux self ?

En éprouves-tu de la honte, de la fierté, de l'indifférence ? As-tu envie de les revendiquer, de les cacher sous le tapis, de présenter tes excuses pour la piètre qualité de leur spectacle ? Ces toi approximatifs ou carrément factices sont-ils des imposteurs, des farceurs, des ennemis ? Combien provoquent-ils de malentendus ? Te trahissent-ils ? Te font-ils plus de bien que de mal ? Si tu pouvais changer de tête pour chacun d'eux, pourrait-on soupçonner qu'il s'agit bien de la même personne ?

Je t'invite à vraiment te poser chacune de ces questions et toutes celles qu'elles pourront t'inspirer. Prends le temps d'y répondre. Le résultat peut être troublant. Moi, si tu veux tout savoir, c'est quand j'écris que je me sens le plus authentique. En me lisant, même quand je ne parle pas de moi, tu me connais mieux que si on se fréquentait dans la vie réelle. Le plus tourneboulant pour moi, c'est qu'il m'est arrivé de faire preuve d'une spontanéité et d'une sincérité totales dans certains médias, là où j'étais terrifié, persuadé de tomber dans un piège qui allait se refermer sur moi, mais jouant le jeu. Le vrai moi, ou le « plus vrai » moi, c'est celui qui fait des livres et qui est invité à en parler. Je suis fait pour ça. Ça ne veut pas dire que je le fasse mieux que d'autres : simplement, c'est mon élément. Je l'ai toujours senti. Et les autres moi ne sont qu'une extension de celui-là. Ou des figurants, des comparses, des diversions. Ou des reflets déformés, comme la partie inférieure du bâton planté dans l'eau. Des rôles de composition, certainement. Et qui souvent ne m'intéressent guère. Mais il faut bien que j'en sois le marionnettiste, sous peine d'en devenir le pantin.

Accroche-toi, parce qu'une nouvelle salve de questions arrive et elle est tout aussi remuante : en plus d'une réflexion sur les toi simultanés, interroge-toi sur les toi successifs. Qui étais-tu voici exactement un an, à la même date ? Cinq ans ? Dix ? Plus loin encore, qui étaient les multiples toi ? Ont-ils changé ? Certains sont-ils morts, d'autres sont-ils nés ? Le toi le plus authentique, il y a dix ans, est-il le même qu'aujourd'hui ? Pourquoi ? Est-ce mieux ? Tu as de quoi te livrer à une multiplicité de comparaisons, d'évaluations, d'allers-retours, depuis l'enfance jusqu'à nos jours, à l'infini.

De plus en plus fort : amuse-toi à imaginer les toi de dans un an, cinq ans, dix ans… Les toi de tes tout derniers jours, même. Comment auront-ils évolué ? Pourquoi ? Lesquels auront disparu du paysage ? Lesquels auront grandi ? S'il n'en restait qu'un, ce serait lequel ? Qui serait le leader de cette bande de toi ? Qui serait le sous-fifre ? Fais-les dialoguer. Se saluer comme de vieux copains ou des ennemis jurés. S'engueuler. Parler du bon vieux temps. Laisse ces futurs toi rencontrer les toi de maintenant, les toi d'avant. Laisse-les se tomber dans les bras, se charrier, en choisir un comme bouc émissaire. Respecte-les, ce sont autant de chapitres de ton histoire : certains auront fait avancer les événements, d'autres auront inutilement compliqué l'intrigue, certains seront passés en coup de vent, d'autres seront restés des piliers de la saga… Tous seront ton histoire.

Récemment, je me suis surpris à rendre visite à un ancien moi qui, en son temps, avait été passablement paumé, plein de bonne volonté mais décevant, démuni, et seul, seul… Le moi d'aujourd'hui l'a serré contre son cœur. L'a consolé. L'a rassuré sur sa valeur. L'a encouragé à tenir bon et à goûter par anticipation les émotions du moi actuel, le dernier en date, celui qui a réussi à remonter toutes les pentes, celui qui est comblé et qui n'en serait pas là sans l'autre, le vieux petit moi rabougri et désemparé. J'ai senti en moi, au temps présent, la joie du moi encore niché dans le passé. Il s'est blotti contre moi, comme l'enfant qu'il était encore à tant d'égards. Et lui faire du bien m'a fait du bien. Nous nous sommes réconciliés. Quelque chose de clivé s'est unifié.

J'aime à penser que, d'une façon ou d'une autre, le bien qu'on se fait rétrospectivement nous a réellement aidés dans le passé. Peut-être que dans la vraie vie, un jour de peine, cet ancien moi, grâce au moi actuel, a éprouvé une éclaircie lui nimbant le cœur. L'espace d'un instant, son moral est remonté. Il a mieux respiré. Souri un peu, qui sait. Sans savoir que cette vague de bien-être lui était adressée par lui-même, dans son futur, c'est-à-dire par moi. Impossible, évidemment : ça ne m'empêche pas, de temps à autre, de m'encourager à distance, dans le passé, de me tendre la main pour m'aider à marcher. Et je remercie d'avance les futurs moi qui pensent à leur ancêtre et qui m'aident, en ce moment, à me dépatouiller avec ce livre. J'arrive, les gars !

Console-toi toi-même

Variation sur le même thème. Acceptons que tu brodes une identité fictive synthétisant ces multiples toi successifs ou simultanés. Admettons, pour la commodité de l'exercice, qu'il n'y ait jamais qu'un seul toi. Tu concéderas avec moi que ce toi-là n'est pas le même aujourd'hui que quand tu étais enfant, ou ado, ou jeune adulte, etc. Ouf, c'est plus facile, tu n'as plus qu'une poignée de toi-même à te mettre sous la dent ! Des toi canoniques, pratiques, des bons gros toi faciles à reconnaître et parfaitement délimités, un peu les portraits du mont Rushmore taillés dans le roc, tu sais, et pas ces petits bouts de toi finement ciselés qu'on distingue à peine.

Je ne sais pas si tu connais le film *Will Hunting*, mais une scène en particulier me revient souvent en mémoire. Will, interprété par Matt Damon et doté d'une intelligence remarquable, est un délinquant juvénile accompagné par le docteur Sean Maguire, alias Robin Williams, qui s'efforce de l'aider à voir plus clair en lui et à cesser de saboter sa vie sociale. Mais la psychothérapie se passe mal. Will est retors, brillant, et fait tourner son psychiatre en bourrique. Pourtant, le docteur Maguire parvient à modifier le cours de la relation. Pour ce faire, il évoque la violence paternelle dont Will a jadis été victime et lui lâche tout à trac : « C'est pas ta faute. » L'autre fait mine de ne pas comprendre : « Je sais… » Le docteur se contente de répéter, une dizaine de fois, avec douceur : « C'est pas ta faute. » Will commence à s'énerver. Fait mine de frapper. Et puis voilà, il craque. Il s'effondre, éclate en sanglots et se love dans les bras de Maguire. Quelque chose s'est libéré, une digue a cédé, Will ne joue plus son rôle de petit kéké insaisissable et arrogant.

Il serait intéressant de mener une recherche scientifique pour attester de l'efficacité globale de cette technique. Mon petit doigt me dit qu'elle serait officiellement inapplicable sur le terrain, un psy n'étant pas censé prendre ses patients par surprise, ni dans ses bras, en répétant la même phrase. Officieusement pourtant, avec parcimonie, il n'est pas exclu que d'intrépides soignants, emportés par l'expérience ou l'inspiration, s'en servent en dernier recours. Eh bien, comme le docteur Maguire avec le jeune Hunting, et comme le moi d'aujourd'hui avec un moi d'antan, je te propose d'imaginer que quelqu'un, et pourquoi pas toi-même, te parle entre quat-z-yeux, et te répète doucement, avec compassion, sans te juger, sincèrement, que, violence paternelle ou pas : « C'est pas ta faute. »

OK, on sait, on sait : si tu te sens trop loin du bonheur, c'est parce que tu n'as pas eu de chance. Peut-être que tes parents n'étaient pas à la hauteur, que ton milieu était défavorisé, que ta vie sentimentale a été souillée par des êtres décevants, voire dangereux, peut-être que la société dans son ensemble est cruelle et que l'être humain est bien laid. Malgré tout, oui, c'est aussi ta faute ! Tu n'as pas procédé aux bons choix, tu as fait preuve d'entêtement pour répéter les mêmes erreurs, tu n'as pas cru en toi, ou bien tu as présumé de tes talents, de ton charme, de ton intellect. C'est ta faute. C'est ta faute. C'est ta très grande faute.

Et pourtant, le docteur Maguire a raison. À un niveau d'analyse supérieur, à une autre hauteur de vue, sous un autre angle, non, c'est *vraiment* pas ta faute. Car à chaque fois, tu as fait de ton mieux. En dépit de tes imperfections, tes stupidités, tes erreurs, ton ridicule même, tu as fait de ton mieux. Tu es faible, tu te déçois, tu as mauvaise conscience, mais globalement tu as fait ce que tu as pu. Tu n'as pas reçu les conseils qu'il fallait, c'est tout, ou bien ils n'étaient pas suffisamment bien formulés pour te paraître convaincants. Tu n'avais peut-être pas les bonnes personnes au bon moment dans ton entourage. Tu avais l'impression de te débattre dans un océan de contraintes et d'événements incompréhensibles et de devoir apprendre à flotter sans l'aide de personne (je ne parle même pas de nager). Tu es comme moi, tu ne comprends pas ce que tu fais ici. Tu n'as pas la science infuse. Tu tâtonnes, tu balbuties, tu reprends ton souffle, tant les occasions d'étouffer sont fréquentes. Tu voudrais qu'on t'aime, et tu voudrais aimer, sans jamais avoir la certitude que tu as réussi ton coup, que cette fois c'est la bonne. On est humains, donc faillibles, et ça, c'est pas ta faute. Tu as peut-être cru que quelque chose ou quelqu'un t'aiderait, et ça n'a fait que t'enfoncer. Tu as cru trouver le grand amour, en exagérant ses proportions. Tu voudrais te sentir utile, mais trop de gens pourraient se passer de toi. Tu voudrais donner mais tu as peur de perdre, tu voudrais donner mais les autres n'en veulent pas, ne le méritent pas ou refusent quoi que ce soit venant de toi. C'est pas ta faute. Tu luttes. Tu souffres. Tu dégringoles. Tu te relèves, ou alors tu rampes, ou alors tu restes dans la prostration, mais tôt ou tard tu flanques un coup de poing, un coup de talon, et tu reprends ton chemin jusqu'au prochain gouffre ou jusqu'à la prochaine éclaircie. Nous sommes tous dans un cul-de-basse-fosse, un marécage sordide qu'on s'efforce d'embellir, et c'est pas ta faute. Trois petits tours et puis s'en vont, les marionnettes : on voudrait tous que le spectacle soit digne d'applaudissements quand le rideau se fermera, parce qu'il se fermera. C'est pas ta faute. C'est pas ta faute.

Alors prends-toi dans tes bras, ou imagine qu'on le fait, parle à ta photo ou à un ancien toi-même, et pardonne-toi un peu plus. Aime-toi un peu plus. Un peu. De l'indulgence, de la douceur. Console-toi, si les autres ne le font pas. Et poursuis ton chemin, vagabonde comme Charlie Chaplin qui, à la fin de ses films, repart toujours, même dans la solitude et le dénuement. Repars. On ne sait pas pourquoi on voyage, ni quelle voie emprunter malgré l'ultime destination commune. À toi de choisir si tu finiras par succomber comme ces résistants fusillés qui refusent le bandeau sur les yeux et sourient en criant : « Vive la liberté », ou si tu maudiras la réalité qui t'entoure, ou si tu supplieras vainement qu'on t'épargne, ou si tu garderas ton panache jusqu'au bout comme Cyrano, ou Don Juan devant la statue de pierre. Ça, ce sera ta responsabilité. Mais l'inévitable résultat, ce sera pas ta faute.

Variations sur le même thème

Nous présentons tous un curieux penchant à nous identifier à notre histoire. Tu confonds ton être et tes comportements. Pire encore, tu confonds parfois ton être et UN comportement en particulier dont tu as pris conscience et dont tu regrettes la responsabilité. Tu crois te résumer (en occultant soigneusement les contre-arguments) à trente secondes, ou trente semaines, ou trente mois de ta vie qui ont gâché quelque chose, une histoire d'amour, une opportunité, la haute estime que tu te faisais de toi-même. Et en guise d'étiquette, de CV, de carte de visite, tu présentes ton erreur de jugement comme une qualité intrinsèque.

Aucune histoire n'a de valeur définitive. Je te raconterai peut-être un jour ce qui m'est arrivé lorsque j'avais quinze ans. Parce que j'ai découvert que j'étais capable d'hypnotiser à peu près n'importe qui, avec une facilité qui m'ébahissait moi-même. J'expliquerai peut-être comment je me suis retrouvé dans une histoire à la fois magnifique, carnavalesque et destructrice. Quelques années plus tard, je repensais à cette période comme à un flirt prolongé avec la folie. Quand j'étais bien luné, je portais un regard esthète et distancé sur ces glorieuses pitreries d'adolescents et m'en enorgueillissais presque : je considérais que frôler la psychose était une forme d'initiation.

Avec du temps, la baudruche s'est dégonflée : je me suis dit que je n'avais guère été qu'un petit crétin prétentieux. Les lettres de noblesse de la folie s'étaient effritées. Laquelle de ces appréciations était la bonne ? Quel regard était le plus lucide ? Celui porté au plus près des événements, alors que l'onde de choc émotionnelle était encore vibrante mais que le manque de recul faussait les perspectives ? Ou bien celui porté par la maturité, plus clinique, plus froid, avec une perte considérable de détails ?

Aujourd'hui, je serais bien incapable de trancher et de savoir à quelle interprétation m'identifier. Je ne suis pas loin de penser que les deux étaient aussi valables l'une que l'autre. Que j'aie frôlé la folie, sans nul doute, mais que je me sois aussi conduit comme une andouille, ça ne fait hélas pas un pli. Je dois me résigner à ne pas savoir. Et si je ne saurais pas raconter l'histoire d'une manière définitive, avec un *director's cut*, c'est avant tout parce que je n'en ai strictement plus rien à carrer. C'est vieux, c'est obsolète, c'est dépassé. La page est tournée, elle se trouve trop loin vers le début du recueil pour que je passe encore mon temps à la relire.

Je ne saurai jamais. Je n'aurai pas le pourquoi de cette histoire-là. Ça m'est égal. Car ce qui compte, c'est ce qu'elle m'a permis de faire. Renforcer mon dégoût pour la banalité, aiguiser ma curiosité, mon goût du risque, mon appétit pour l'introspection. Je ne serais certainement pas devenu psychologue, écrivain, ni explorateur des multiples dimensions de ma petite vie, si je n'avais pas perdu des années à me détruire et me reconstruire. Toutes les histoires d'initiation passent par une phase hallucinatoire de démembrement, de dépression, d'anéantissement, avant que le regard ne s'ouvre sur un jour nouveau. Une page du livre de vie raturée, chiffonnée, écornée, arrachée, gribouillée jusqu'à la percer n'est jamais la plus inintéressante. Bien au contraire.

Tout comme mon histoire n'aura jamais de version canonique, je vais te demander maintenant de réécrire la tienne à travers de multiples prismes, et de multiples styles.

La méditation, ça te chante ?

Je ne sais pas si tu es comme moi, mais le concept même de méditation finit par m'énerver un brin. On la mange à trop de sauces pour qu'elle conserve sa saveur, sa signification, sa rigueur. On nous exhorte tellement à nous détendre avec elle que c'en est crispant. Pourtant, la méditation peut aider à prendre conscience de tes histoires, à défaut de te donner l'inspiration pour les récrire. Le principe même de la méditation de pleine conscience est de te muer en vache qui regarde passer le train de tes pensées. Mais comme tu ne dois pas ruminer, prenons une autre métaphore : tu es au cinéma. Devant un film, tu peux toujours te poser quelques questions pour découvrir le coupable si tu savoures un bon polar, mais en règle générale tu te laisses embarquer, tu es à la fois ici, dans ton fauteuil, et littéralement dans le film, voire dans la tête des personnages si le réalisateur fait bien son job. Avec la méditation, c'est pareil. Mais le spectacle, c'est toi. Ce qui se passe en toi.

Tu ne dois surtout pas essayer de réprimer tes émotions, de nier les distractions qui perturbent inévitablement ta concentration. Non, relève ces pensées vagabondes et imprécises, voletantes, remarque ces émotions ou ces douleurs corporelles liées à ta posture, mais surtout, ne t'y attarde pas. Elles sont là, et c'est comme ça. Plus tu essaieras de refouler quelque chose, et plus cet intrus reviendra tambouriner à ta conscience comme une mouche au carreau, en prenant même de la vigueur. Laisse passer. Sans t'affoler. Sans juger. Sans t'en vouloir[1].

Des bribes d'histoires défilent, s'entrelacent et se désagrègent au long du flux de conscience. La porte est grande ouverte pour qu'en sortent et s'éloignent ces radotages, ces plaintes, ces traumatismes que tu charries et qui t'encombrent, qui te polluent. Laisse filer. Lâche prise. Ces horreurs et ces ridicules qui barricadaient ton champ de vision s'éloignent lorsque tu prends du recul, et se trouvent relégués à l'horizon. Ne nie pas, ne minimise pas, laisse dériver.

Cette pratique régulière t'aidera à acquérir le Saint-Graal de toute thérapie : casser le cercle. Cercle vicieux des échecs, des défauts, des regrets, des lacunes, des maladresses. Le propre d'un cercle vicieux est de poursuivre son mouvement perpétuel autour de toi, jusqu'à te frôler, puis t'entailler, t'écraser, t'étouffer, t'étrangler. C'est un carcan dont tu désespères de sortir, alors que tes efforts pour t'en dégager semblent resserrer l'étreinte, comme ces sables mouvants qui t'engloutissent plus vite à mesure que tu te débats. Alors l'impassibilité, le calme pour mieux laisser glisser, voilà la clé. Tout est bon pour

---

1. Jon Kabat-Zinn. *Au cœur de la tourmente, la pleine conscience.* J'ai lu, 2012.

que tu cesses de te laisser pourrir dans l'œil du cyclone, que tu prennes le large, que tu te retrouves à l'extérieur du cercle, que tu t'en sépares, que tu cesses de le nourrir de noirceur. Et qu'il te soit plus facile d'apercevoir, dans un recoin de ta vie extérieure ou bien dans ton environnement, là, juste sous ton nez, de nouvelles perspectives, un autre point de vue sur toi, sur ton histoire et le matériau disparate artificiellement unifié qui la compose.

Écouter ou jouer de la musique, pratiquer du sport sans se faire de mal, promener son chien, faire l'amour, passer une bonne soirée entre amis sont peut-être l'équivalent de la méditation. Décolle ton nez du guidon, respire, relativise, délecte-toi de ton talent sous-employé, mais inné pourtant, de te foutre de tout juste ce qu'il faut. De tout, y compris de toi-même. Et de ton histoire. Pas éperdument : juste ce qu'il faut.

Regarde tous ces gens qui se rendent malheureux tout seuls... Qui multiplient les activités, les déplacements, les sacrifices ! Qui s'oublient eux-mêmes moins par dévouement aux autres que pour s'occuper... gesticuler ! Se gaver ! De peur de se retrouver en tête-à-tête avec eux-mêmes. Quelles histoires élaborent-ils pour s'excuser de n'avoir jamais de temps pour eux ? De ne pouvoir jamais se faire du bien ? Pourquoi cette peur du silence, de la disponibilité, du repos, du plaisir supérieur ? Que cherchent-ils à prouver, à qui (lequel s'en contrefiche probablement) ? Oh, le plaisir masochiste de la gueule de bois sans l'ivresse ! Ne pas savoir s'étourdir sans tourner en rond !

Tu vois, ils ne prennent même plus la peine de se raconter des histoires. Tout plutôt qu'avoir la faculté de penser, de se recentrer sur l'essentiel, de vivre le plus important, de ressentir le plus vif, d'imaginer le meilleur et ses possibilités de réalisation. Toi, prends du temps pour toi. Te poser. Ne rien faire.

Merci qui ?

Es-tu du genre à dire merci ? À reconnaître ce que tu dois aux autres ? Il faut suffisamment d'humilité pour remercier non pas seulement par politesse, mais parce que tu concèdes qu'on t'a apporté quelque chose. De multiples recherches scientifiques en psychologie démontrent les bienfaits générés par un journal de la gratitude : très régulièrement, établis la liste des gens que tu devrais remercier, qu'ils soient encore présents dans ta vie ou non, même si tu ne les a pas vus depuis des années, et même s'ils sont morts. Dis-leur merci. Par écrit de préférence, pour que, le cas échéant, ils puissent s'y référer à leur aise en guise de réconfort, et pour que toi aussi, tu n'oublies pas. Ne va pas croire que remercier revienne à se placer en position basse, comme si tu étais dépendant des gens sans lesquels le chemin aurait été plus difficile ; bien au contraire, tu te places en position égale par la dignité[1].

---

1. Rébecca Shankland. *Les Pouvoirs de la gratitude*. Odile Jacob, 2016.

Mais sais-tu aussi remercier lorsqu'on t'adresse un compliment ? C'est parfois plus difficile encore. Il peut être très désobligeant, pour la personne en face, de te voir barguigner et protester lorsqu'on te reconnaît des mérites. Qu'est-ce que ça signifie ? Taxerais-tu l'autre d'hypocrisie, de ne pas penser un traître mot de ce qu'il te dit là, de n'offrir que des fleurs artificielles, sans parfum, pour la forme ? Ou insinuerais-tu qu'il ne sait pas de quoi il parle, qu'il n'y connaît rien, et que toi, avec tellement de clairvoyance, tu sais ce que tu vaux, c'est-à-dire pas grand-chose ? Ou encore fais-tu preuve de coquetterie, en protestant de ta médiocrité pour que l'autre insiste ? Dans tous les cas, ce refus est désolant. C'est comme si on t'accordait un sourire et que tu demandais : « Rentrez-le dans votre bouche, s'il vous plaît. »

Pas besoin d'en faire des tonnes, de lâcher les grandes eaux ou d'enchaîner les sauts de cabri, un simple merci avec un hochement de tête et une petite moue de plaisir suffiront. « Je suis sensible à votre bienveillance et votre sincérité », voilà ce que tu diras sans même le dire. C'est facile, laconique, ça te fera autant de bien qu'à l'autre. Donne-moi une excellente raison de ne pas le faire. Rien qu'une raison moyennement valable.

Mais tiens, fouillons plus loin. As-tu l'habitude de te remercier toi-même ? De te complimenter, de reconnaître avec franchise que tu as bien agi ? Bien sûr, si tu passes des journées à te congratuler, je ne suis pas certain que tu fasses preuve de la plus grande acuité d'analyse qui se puisse concevoir. Néanmoins, si tu ne te l'autorises jamais, c'est tout aussi dommageable. Fais-le de temps à autre. Aie l'honnêteté de reconnaître que tu n'es pas toujours si moche, ni extérieurement, ni intérieurement. Le peintre qui réalise son autoportrait peut se représenter dans l'ombre : ce sera caravagesque, très élégant, mais le reconnaîtra-t-on vraiment ? Inversement, s'il se peint irradiant la lumière céleste par sa propre auréole, il donnera plutôt matière à rire qu'à s'extasier. C'est une affaire d'éclairage tempéré et de détails consciencieusement choisis. Apprends à te voir comme tu es. Ni plus, ni moins. Sache reconnaître aussi bien quand tu mérites une claque qu'un baiser, ne te flagelle pas, ne te fais pas couler tous les jours un bain de lait d'ânesse saupoudré de pétales de roses, regarde-toi sans fioritures et sans *a priori*. Ni sur les cimes du génie, ni dans les égouts. Comme tout le monde. Tu m'en diras des nouvelles.

Les points d'ancrage

Tu peux aussi, en quelque sorte, prendre des notes en temps réel pour ta future histoire en te fixant des points d'ancrage. Tu peux te dire à toi-même : « N'oublie jamais que tu as vécu ça. » C'est quelque chose que je me suis souvent répété, dans les bons comme dans les mauvais moments.

La première fois, c'était pour mes dix-sept ans. Je me sentais affreusement mal dans ma peau, j'avais gâché beaucoup de choses autour de moi et je me considérais vraiment comme le dernier des derniers. Et puis j'ai décidé de me faire un cadeau. D'être indulgent avec moi-même, de me consoler, mais aussi de conserver un certain standing. Plus bas que terre, mais la tête haute. J'ai cherché ce qui me ferait le plus plaisir, et j'ai décidé de me l'offrir en guise de cadeau strictement personnalisé. Or, ce qui m'aurait fait le plus plaisir, ç'aurait été de rencontrer Serge Gainsbourg. Je me suis mis au défi. Un jour, j'ai séché les cours, j'ai sauté dans un train et je me suis retrouvé à Paris. J'ai rencontré Gainsbourg fugacement, mais je l'ai fait. Je lui ai parlé, au 5 bis rue de Verneuil. Je me suis imprégné de chaque instant. Je me disais : « Tu peux être minable, mais ça, tu as osé le faire. Ne l'oublie jamais. » Des années plus tard, devenu journaliste, lorsque je me sentais intimidé à l'idée de rencontrer une grosse pointure de la psychologie, je me répétais : « Ça ne peut pas être plus effrayant que d'aller sonner chez Gainsbourg pour tes dix-sept ans. »

Et parfois, dans ma vie privée, j'ai aussi marqué certains instants au fer rouge en me disant plusieurs fois de suite : « Quoi qu'il arrive, quoi qu'il arrive, n'oublie jamais que tu as été aimé par quelqu'un comme ça. » Ou « que quelqu'un a été capable de te faire ça ». Plus tard encore, lorsque j'ai rencontré le succès avec un livre, il m'est arrivé aussi, en entrant sur un plateau de télé prestigieux, de me dire : « Retiens cet instant. Quoi qu'il arrive, tu auras au moins fait ça. »

Aujourd'hui encore, je n'ai pas oublié ces points d'ancrage. Quand je suis tenté de me considérer comme un moins que rien, et ça m'arrive souvent, je me replonge dans certains moments que j'ai été suffisamment privilégié de vivre, et qui sont aussi arrivés parce que je les ai voulus. Certains souvenirs sont comme des médailles, mais inutile de bomber le torse pour les montrer, l'essentiel est de les avoir méritées. Parfois aussi, lorsque je me sens tenté de faire la fine bouche sur ma qualité de vie, je repense non pas à une ambiance générale mais à des instants très précis où j'ai souffert le martyre. J'ai survécu à ça. Et à côté, les difficultés de l'instant présent ne sont que des nobles plaisanteries, des formalités, qui ne méritent pas l'accélération d'un battement de cœur.

Les points d'ancrage peuvent être extérieurs à toi, aussi. Pendant le confinement, alors qu'on ne savait rien sur le virus, qu'on n'avait pas de masques, que tout pouvait arriver pour mes proches ou pour moi d'un jour à l'autre, et que se succédaient les images irréelles des capitales désertes, je pensais à ce que mes parents et grands-parents avaient enduré pendant la guerre : la faim, la misère, l'exode, les deuils, la haine, la menace permanente, l'Occupation. Ils auraient tout donné pour être à ma place. Alors je m'obligeais à montrer un tout petit peu de leur courage et à tenir bon.

L'exemple de Londres

En juillet 2022, à Hyde Park, lors d'une canicule historique en Angleterre (40 °C à Londres !), j'ai aperçu du coin de l'œil un homme tomber dans le lac Serpentine.

Mon premier réflexe fut de le prendre pour un aimable dévergondé ravi d'épater la galerie, ou un peu trop alcoolisé. Mais cinq secondes plus tard, je le vis sortir une petite fille hors de l'eau. Une nouvelle histoire s'imposa à moi : ce vaillant papa avait sauté pour récupérer sa fille. Aussitôt, une autre interprétation s'imposa, la bonne : il avait sauvé l'enfant qui n'était pas la sienne, et l'avait restituée à ses parents qu'il ne connaissait pas. Encore plus héroïque ?

Mais pourquoi les parents n'avaient-il pas sauté eux-mêmes ? Pourquoi faisaient-ils un museau pareil, ne semblant pas exprimer la moindre émotion ? Les parents partirent, et le jeune homme resta. Avec quelques badauds qui lui parlaient. Quelque chose m'échappait...

Je m'approchai, et appris qu'en effet les parents étaient partis avec leur fille sans lui avoir dit merci. Il restait là, dégoulinant, glacé, ensanglanté car il s'était déchiré les genoux en sortant de l'eau. Comme si ça ne suffisait pas, son portefeuille et ses clefs de voiture avaient coulé au fond du lac, sous la vase. Avec deux dames, nous avons appelé la police. Qui a mis un bon quart d'heure à arriver, et encore en renâclant, parce que ces messieurs se décrivaient comme très occupés. La situation expliquée, ils refusèrent d'emblée de faire quoi que ce soit pour le jeune homme. Pas question de l'accompagner au commissariat, ni de le ramener chez lui, et pas davantage à l'hôpital : pas le temps. « On n'est pas des taxis. » Tout au plus ont-ils consenti, parce qu'on a râlé, à éponger un peu son sang. Dégainant mon plus bel anglais, je me mis à sermonner la police de Sa Très Gracieuse Majesté : « C'est tout de même un comble, cet homme a sauvé la vie d'une enfant et il va bientôt être obligé de s'excuser ! » Ils ne voulurent rien entendre.

C'est donc moi qui le ramenai chez lui. Il était très calme, fataliste, mais s'énerva tout de même quand je lui dis qu'il était un héros. Que les parents, étrangement inertes, eux (du fait de leur culture, vraisemblablement), n'avaient pas plongé. Là, il se mit à voir rouge : « C'était une enfant, je devais le faire, n'importe qui l'aurait fait ! » Il s'excusa même de se mettre à jurer. Je lui dis qu'il avait tort. Qu'en vertu de ce qu'on appelle, en psychologie, depuis plus de cinquante ans, l'effet témoin, il n'est jamais gagné que les badauds interviennent en cas de drame. Plus ils sont nombreux, moins ils se bougent : « Si les autres n'y vont pas, pourquoi irais-je, et s'il ne faut pas y aller, de quoi j'aurais l'air ? » Ajoutez à cela un brin de sidération, et vous comprendrez que oui, ce jeune Anglais était exceptionnel. Il n'en revenait pas. Il est resté sonné dans la voiture.

Juste avant qu'il finisse par descendre, pensant aux histoires qu'il pourrait se raconter sur lui-même, je lui dis : « Quoi que vous pensiez à votre sujet, chaque fois que vous serez tenté de vous juger sévèrement, de croire peut-être que vous avez raté votre vie, souvenez-vous qu'aujourd'hui, vous en avez sauvé une. Vous avez osé faire ce qu'on peut accomplir de plus beau. » Quand je le vis s'éloigner, éberlué, je sus que oui, son Livre de vie venait de se rehausser de quelques lignes de lumière. Et que par contagion, d'autres pages passées ou à venir s'en verraient modifiées.

À ta plume, camarade !

Je te propose à présent plusieurs exercices, à pratiquer de préférence dans le calme et la solitude. Tu peux écrire et te relire, ou te filmer et visionner la vidéo ensuite, ou t'enregistrer puis écouter l'audio. Choisis ce qui te convient le mieux, à condition de conserver les documents quelque part sur ton ordi avec un mot de passe garantissant que personne d'autre n'y aura accès. Ce que tu vas faire est strictement personnel ! Et mieux vaut ne pas effacer tout de suite ton travail, afin que tu puisses y revenir quand bon te semblera pour approfondir tes réflexions ou même, à terme, t'amuser de tes anciennes difficultés.

Le principal est que quelque chose sorte de toi, et que tes propres mots noir sur blanc, ou les enregistrements, te permettent instantanément un sentiment d'incrédulité par rapport à tes histoires. Qu'au-delà des maladresses du style, des particularités de ta voix ou de ton aspect physique, tu puisses te demander : « C'est moi qui ai dit tout ça ? Je ne m'attendais pas à ces mots-là. À cette émotion-là. » C'est comme quand tu écoutes un enregistrement de ta propre voix et que tu trouves ahurissant qu'elle ressemble aussi peu à celle que tu entends dans ta tête quand tu parles. Ou quand un thérapeute répète mot pour mot ce que tu viens de dire, et que les propos sonnent différemment à tes propres oreilles : « C'est moi qui viens de sortir ça ? »

Ce mouvement de recul assurera déjà une prise de distance. Il te sera plus facile de déchiffrer objectivement tes histoires. Ce ne seront plus des nébuleuses paraissant immenses parce qu'insaisissables, mais des termes choisis, circonscrits par toi dans des phrases en nombre limité. Tu n'auras pas affaire à des fantômes, à de vagues notions auxquelles tu puisses faire dire tout et n'importe quoi, mais à quelques affirmations plus faciles à cerner et à évaluer. Tu auras sorti, et pesé, tes mots.

En fait, il va s'agir pour toi de t'obliger à raconter ton histoire autrement.

Récit du biographe impartial

Entraîne-toi d'abord à raconter ce qui te tarabuste de façon strictement factuelle. À telle date, il s'est passé ceci. Une dispute a eu lieu avec Machin pour telle raison. Contente-toi d'un style télégraphique, dépassionné, chronologique. Ne laisse transparaître aucune émotion, ne juge rien ni personne. Fais comme Stendhal, qui lisait plusieurs pages du Code civil avant d'écrire, pour éviter l'affectation. Sois clinique. Dans le dépouillement. Reconstitue le squelette.

Imagine ensuite que quelqu'un d'autre lise, écoute ou te regarde faire ce récit.

Que peut-il penser de toi ?

Est-il prêt à te voir comme une victime ? Ou quelqu'un qui sait très bien se débrouiller ? Ou quelqu'un qui a failli ?

Est-ce si évident ? Quelque chose d'universel, qui sauterait aux yeux de tout le monde, se dégage-t-il de ce simple rapport des événements ? Tout le monde s'accorderait-il à estimer que tu as raison d'y penser encore, avec ces émotions-là, en ces termes ? Pourrait-on t'accuser de t'y complaire ? De ne pas avoir pris la mesure de ce qui s'est passé ? Pourrait-on t'accuser de partialité ?

Que penserais-tu si tous ces faits étaient arrivés à quelqu'un d'autre ? À quelqu'un que tu détestes ? Le plaindrais-tu ? Tenterais-tu de l'aider, après tout ? Et si c'était arrivé à quelqu'un que tu adores, que lui dirais-tu ? À quelle réaction de sa part t'attendrais-tu ?

Façon drame ou comédie

Autorise-toi à jouer avec le feu. Prends les éléments les plus sombres, les plus lugubres de ton histoire. Grossis le trait, badigeonne avec le plus de noir possible, jusqu'à ce que tu ne puisses toi-même en croire ni tes yeux ni tes oreilles. Fais comme si tu devais faire pleurer la terre entière. Des déluges lacrymaux ! Des torrents de larmes ! Inonde !

Et puis prends les mêmes éléments affreux de ton histoire et imagine qu'ils doivent s'insérer dans une comédie. Tu sais, un de ces films où les catastrophes s'accumulent sur la tête des personnages mais dont on arrive à rire parce qu'on sait que ça se terminera bien. Alors l'enjeu n'est pas de les peindre, mais de savoir comment ils vont se tirer de là, comment leur vie sera transformée.

Fais-en autant avec toi-même. Imagine comment raconter, avec quels termes ou quels mouvements de caméra, pour que l'aspect dramatique prête à sourire, et pourquoi pas à rire aux éclats.

Récits par l'accusateur et l'avocat

Si tu as tendance à te condamner trop facilement, prends-toi au mot et imagine ton propre procès, avec un procureur et un avocat.

Comme dans tout procès qui se respecte, l'accusation ouvre le bal. Profites-en, déverse les tombereaux de reproches que tu ne demandes généralement pas mieux que de t'adresser. Qu'as-tu à te reprocher au juste ? Quels sont les chefs d'accusation ? Qui as-tu trahi, bafoué, heurté, déshonoré, abîmé ? Qu'as-tu gâché en toi, quel talent, quelles opportunités ? Quels horizons as-tu bouchés par ignorance ou par stupidité ?

S'il s'agissait de quelqu'un d'autre, quelle peine demanderais-tu ? Une souffrance à perpétuité ? Ou bien ferais-tu preuve de compassion en considérant que cette personne a déjà bien assez expié comme ça ? Fais preuve de précision dans ce témoignage à charge : il s'agit de justice, qui doit donc se baser sur des preuves.

Et maintenant, place à la défense ! Quelles sont tes circonstances atténuantes ? Quelle mauvaise rencontre, quels conseils à côté de la plaque, quel contexte familial auquel tu ne pouvais rien, quels traits de caractère peuvent expliquer tes agissements ? As-tu mal agi intentionnellement, ou les circonstances se sont-elles enchaînées de façon telle qu'elles ne pouvaient que te dépasser ?

As-tu fait tout ce que tu pouvais pour limiter les dégâts ? Tes actes peuvent-ils être confondus avec ta personne ? Te résumes-tu au mal que tu as fait, ou subi ? Quelles sont par ailleurs tes qualités, ton potentiel, les promesses que tu pourrais encore tenir si on te donnait (si *tu* te donnais) une nouvelle chance ?

Que diraient de toi tes parents, tes amis, tes collègues, tes voisins, les gens que tu as aidés, que tu as aimés, qui t'ont fait du mal ou que tu as blessés ? Si tous ces témoins défilaient à la barre, sans rien exagérer, sans rien omettre, de bonne foi, qu'est-ce qui ressortirait des débats ?

Faudrait-il te pendre haut et court, t'acquitter, te donner du sursis, une peine d'intérêt général ?

Alors seulement tu peux essayer de te juger de manière équitable. En te laissant la possibilité de faire appel, on n'est pas des sauvages !

Récit par l'ennemi

Veux-tu un autre exercice encore ? Celui-là est coton, mais quel triomphe d'aller au bout ! Je te propose d'imaginer ton récit de vie tel que pourrait l'écrire ton pire ennemi. La personne qui t'a fait le plus de mal, à laquelle tu as le plus à reprocher. Que dirait-elle de toi ? Que tu n'as pas volé ce qui t'arrive ? Que tu te fais des idées sur l'origine de tes déboires ? Que tout est ta faute ? Que ce fut un plaisir de te nuire ?

Ou bien, à certains égards, qu'il s'agit entre vous d'un gigantesque malentendu ? Une réconciliation serait-elle possible ? À quel prix ? Avec quelles conséquences ? Qui de vous deux en tirerait le plus grand bénéfice ? Serait-il mutuel ou aurait-il un parfum de triomphe pour toi ? D'autres personnes en seraient-elles soulagées ? Pose-toi vraiment chacune de ces questions, l'une après l'autre, en insistant bien, en explorant toutes les possibilités. Ne te censure pas : encore une fois, tu peux te considérer sur un terrain de jeu sans limites, puisque tu garderas tes réflexions pour toi et que tu pourras détruire les traces de toutes ces hypothèses.

Récit par l'enfant

À présent, reprenons ton histoire et imagine comment la raconterait l'enfant que tu as été.

Parle vraiment comme un enfant, sans surestimer ce que tu pourrais conclure ou comprendre des événements de ta vie adulte. Comment te jugerait l'enfant que tu as été ?

Le décevrais-tu, se sentirait-il trahi ? Aurait-il envie de t'aider, ou de te fuir ?

Quels conseils donnerais-tu au toi enfant pour lui éviter les ennuis les plus graves ? Que te conseillerait-il, lui ?

Demande-toi aussi ce que te dirait le toi de ta fin de vie. Tu as quatre-vingts ans, par exemple, et tu veux parler au toi d'aujourd'hui : que lui dis-tu ?

Le toi futur cherche-t-il à te consoler ? A-t-il envie de se moquer de toi au point de relativiser ton malheur ? Relativiser tes succès ?

Qu'est-ce qui aura vraiment compté pour lui ? Quelles réalisations, quelles ambitions, quelles amitiés, quelles amours ?

Le toi futur aurait-il envie de te tapoter affectueusement la joue, ou de te flanquer un bon coup de canne derrière les oreilles pour t'apprendre à gâcher ta vie ?

Il n'y a pas de bonnes ou de mauvaises réponses à toutes ces questions. Le principal est que tu te les poses et que tu explores tous les possibles qu'elles ouvrent. Amuse-toi, avec différentes versions de toi-même, à hasarder diverses lectures de ton histoire, à faire réagir les différents toi, à les faire débattre même, se compléter ou se contredire.

Manipule les mots, les émotions, les règles générales que tu as tirées de ton expérience. Trousse-les autrement. Rends-les méconnaissables, en mieux ou en moins bien.

Récit par l'ange gardien

De tout ce qui t'a fait souffrir, de tout ce que tu as raté, de tout ce qui suscite en toi les plus amers remords, que dirait ton meilleur ami ? Ou que dirait ton ange gardien ? Quelqu'un qui croit en toi, qui est prêt à t'aider de manière inconditionnelle, à te repêcher au fond du trou, à te galvaniser, te remonter les bretelles, te donner l'énergie de toujours te relever et repartir ?

Accepterait-il que tu te traites aussi mal ?

Accepterais-tu toi-même de traiter ton meilleur ami ou ta meilleure amie ainsi ? Accepterais-tu toi-même que ton meilleur ami ou ta meilleure amie SE traite ainsi, SE juge de manière aussi brutale ? Serais-tu capable de juger aussi durement quelqu'un d'autre que toi-même ? Ne lui reconnaîtrais-tu aucune des circonstances atténuantes qui ne te paraissent pas valables pour toi ?

Ton ange gardien te dirait que tu as fait ton possible, qu'aucun être humain n'est infaillible et que tu dois l'admettre. Ton ange gardien s'accuserait peut-être lui-même de n'avoir pas suffisamment su te protéger, te conseiller, te donner confiance en toi. Il te dirait que tes torts sont partagés, comme tous les torts de tous les êtres humains, peut-être.

Récit d'hôpital

Si tu pouvais refaire ta vie, que recommencerais-tu, que changerais-tu ? Si je te donnais une baguette magique, quel don t'accorderais-tu, quelle chance, quelle rencontre ? Si TOUT était possible, que ferais-tu ?

Or tout est encore possible, rien n'est définitif. Tu peux toujours te racheter, tu peux toujours te surprendre. Imagine que tu te retrouves à l'hôpital avec le diagnostic d'une maladie grave, et que tu aies cinquante pour cent de chances de t'en sortir. Inévitablement, tu vas penser : « Si je m'en sors, alors je ne ferai plus jamais ceci. Je m'engagerai à faire cela. » Cherche ce que tu ferais. Et n'attends pas, pour te lancer, qu'une maladie te donne un prétexte. Fais-le tout de suite. Si ta vie était menacée et que tu regrettais de ne pas avoir accompli, ou dit, ou manifesté quelque chose, alors c'est ta boussole. C'est ce que tu dois faire sans tarder, sinon tu t'en voudras toujours.

Après tout, le confinement nous a tous contraints à exécuter cet exercice. « Quand tout ça sera fini, si je m'en sors, alors je changerai de vie » : quasiment tout le monde y a pensé. Et si nous n'avons pas tous changé de vie, des graines ont été plantées, qui donneront peut-être des fruits un jour. Nous avons tous suivi un cours accéléré de philosophie en nous demandant ce qui était important dans notre vie, ce que nous ne voulions plus voir, *ceux* que nous ne voulions plus voir, ce que plus tard nous ferions sans attendre, et comment nous arrêterions de nous faire du mal, d'accepter ce qui nous rend tristes.

Que cette maladie grave sur un lit d'hôpital imaginaire serve aujourd'hui de détonateur à tes chers vieux désirs enfouis.

Récit des vies parallèles

Autre exercice, imagine ce qu'aurait été ta vie si tu avais agi autrement. Mais fais-le avec précision. Par exemple, si tu avais embrassé cette personne ou si tu ne l'avais pas fait, qui serais-tu aujourd'hui ?

Qu'est-ce qui serait mieux ?

Quelle serait ta profession ?

Aurais-tu des enfants ?

Où vivrais-tu ?

Comment occuperais-tu tes loisirs ?

Quels seraient tes motifs de fierté ?

La vie vaudrait-elle davantage la peine d'être vécue ?

Écris une, deux, trois vies parallèles, vingt si tu veux. Filme-toi en train de les raconter, ou écoute ton récit. Qu'est-ce que ça provoque en toi ? Te trouves-tu ridicule ? Y a-t-il des éléments dont la futilité t'apparaît plus facilement ? Y en a-t-il d'autres qui touchent une corde sensible, et sur lesquels tu mériterais de revenir spécifiquement ?

Qu'est-ce qui t'a manqué pour réaliser ces vies parallèles ?

Est-il vraiment trop tard, ou bien des passerelles sont-elles possibles ? Peux-tu colorer ton existence actuelle avec des éléments inspirés de celles que tu aurais aimé vivre ?

Récit de mort imminente

Tu as forcément entendu parler des expériences de mort imminente. Je suis certain que tu connais quelqu'un qui l'a expérimentée, quitte à ce qu'il ne t'en ait rien dit. Creuse un peu, et tu verras, tôt ou tard quelqu'un te révélera son secret. Et si secret il y a, c'est autant par crainte de se faire traiter de frappadingue que parce que le phénomène est unanimement décrit comme indicible. Notre langage quotidien et notre expérience ordinaire sont impuissants, sauf par analogie lointaine, à en relater les détails. Il faut le vivre, ou, si tu préfères, le mourir, pour le croire. Et sinon pour en comprendre le fin mot, du moins pour comprendre ce que ça fait de passer par là.

Ce qui nous intéresse ici, ce ne sont pas l'impression de quitter son corps, la fabuleuse quiétude qui en résulte immédiatement, la plongée vertigineuse dans un tunnel, la présence d'âmes désincarnées à nos côtés (qu'il s'agisse de défunts qui nous furent chers ou d'illustres inconnus), ni même le fameux Être d'amour qui nous accueille sur le seuil de l'au-delà. Non, ce qui nous importe, c'est la question que pose cette entité. Sans vraiment utiliser de mots, mais d'une façon que chaque expérienceur traduit *grosso modo* par : « Qu'as-tu fait de ta vie ? » Il ne s'agit pas d'un jugement, en aucun cas d'une inquisition, mais quasiment d'une requête : « Montre-moi », ou alors : « Voyons voir… », si ce n'est : « Où en es-tu ? », sur un ton de curiosité joyeuse.

Alors éclot le fameux passage en revue de ton existence.

Les témoignages des rescapés d'expériences de mort imminente concordent : ton Livre de vie se manifeste sous forme d'un big bang où explosent simultanément les moindres détails de ton passage sur Terre, tous les souvenirs que tu avais déformés ou qui avaient disparu avec le temps, tout ce que tu as pensé, fait, éprouvé, et même tout ce que tu as fait éprouver aux autres. Tout se déploie instantanément, tu ne peux rien cacher ni ignorer. Les pages les plus anciennes, les plus poussiéreuses de ton Livre revivent, et tu comprends aussi la place que tu as occupée dans les Livres des autres. Tout toi est là. Aucune zone d'ombre ne subsiste. Te voilà face à la réalité la plus nue.

Ton Livre, en s'ouvrant enfin, se réécrit tout seul. Ta vraie mémoire revient, avec une précision ahurissante, loin des escamotages ou des déformations de tes souvenirs banals. Ce qui était oublié revit, tous ceux qui avaient disparu sont de nouveau en ta présence, le film repasse en accéléré toutes les scènes à la fois. Ce qui suscite en toi de la fierté ou de la honte n'est pas du tout ce que tu aurais anticipé. Tu t'évalues toi-même sans aménité, tu te reproches mille choses, mais tu ne t'attires que la bienveillance de l'Être de lumière, comme celle d'un sage compréhensif et serein face un enfant à peine sorti de la crèche. Il ne te juge pas. Il s'intéresse. S'amuse. Il t'aime, de toute façon. C'est indicible, paraît-il. Et comment !

Je serais alors tenté de te citer ce vers du poète Tristan Corbière : « Fais de toi ton œuvre posthume. » Quelle œuvre posthume montrerais-tu à l'Être ? S'il devait te laisser revenir parmi nous, ce serait pour accomplir quoi ? Auprès de qui ? Car ce serait forcément auprès de quelqu'un, c'est la règle.

Le plus important n'est pas de programmer ta nouvelle vie, de fixer de nouveaux objectifs, car il risquerait d'en aller de tes bonnes résolutions comme de toutes les résolutions : tu ne les tiendrais pas, et tu te décevrais. Non, plutôt que planifier la suite du récit, amuse-toi à laisser courir ta plume. Comprends que rien n'est définitif, que tes jugements sur toi-même ne sont pas ceux de Salomon, que personne n'est condamné à réécrire indéfiniment les premières pages frustrantes et inachevées du début de l'existence. Aucun Livre ne répète à l'identique ses premières pages, si médiocres soient-elles.

Si tu dois tourner la page et écrire la suite, tu n'as pas à concevoir un chef-d'œuvre, mais à présenter un jour, à l'Être de lumière peut-être, un Livre de vie qui te ressemble. Qui ne cherche pas plus à te transformer en génie qu'en victime, qui ne te présente pas comme un être exemplaire, mais qui te permette de dire : « Voilà qui je suis. Tout simplement. »

LE MOT DE LA FIN

Il suffit d'un ultime chapitre, d'un ajout tardif, presque d'un *post-scriptum*, pour changer un Livre de vie. J'en ai fait l'expérience avec mon père lorsqu'il était en soins palliatifs. Ma présence auprès de lui, quelques gestes significatifs, quelques phrases inhabituelles, et l'un et l'autre étions touchés, émus, ramenés à l'essentiel, *in extremis*, vaporisant nos vieux malentendus, nos anicroches et nos ratés. Aux derniers jours, il peut suffire d'un sourire, d'un verre d'eau, d'une prière, d'un aveu, pour se libérer du passé, des rancœurs, de l'acharnement de certains souvenirs. Plus le temps de tricher, de remuer le couteau dans la plaie, de céder aux détours. La fenêtre de tir est minimale : il s'agit de viser juste. Ne gaspille pas tes forces en un ultime procès, un piteux inventaire. Ne te salis pas par une vengeance. Laisse les doigts se tresser, les regards se comprendre. N'aie pas peur de ne pas trouver les mots, ce sont eux qui te trouveront. N'aie pas peur de pleurer, rien d'encrassé ne résiste à une larme sincère. Tu n'as rien à perdre, et l'autre, de toute façon, n'a plus rien à gagner. Lâche prise. Libère-toi. Libère l'autre. Et quand bien même tout ne serait pas résolu, tu éprouveras moins de regrets par ton audace que tu n'en aurais conçus par ton mutisme. Que votre histoire commune se referme en beauté, avec humanité, humilité, et qu'elle soit source d'émotion pure.

Tout cela passe par le pardon. C'est-à-dire l'acceptation des erreurs mutuelles, de l'imperfection, des limites. Et la démonstration de ta capacité à passer à autre chose, à clore le dossier. À t'en foutre, avec un peu de chance. OK, il y a prescription. Trop d'eau a coulé sous les ponts pour qu'on se noie encore dans un verre d'eau. Ça suffit. La paix des braves. Cette « histoire », c'est, littéralement, de « l'histoire ancienne ». Et pas des plus intéressantes. N'en ouvre pas une autre, miteuse, loqueteuse et aigre, en ne soldant pas vos comptes réciproques. Parce qu'alors ta revanche aura un goût amer, ton orgueil n'épatera que toi, et tes regrets te hanteront sans relâche. Ce n'est pas le mort qui te tourmentera, ce serait une jolie vanité de ta part de croire qu'il se pencherait par-dessus la margelle de l'au-delà pour te maudire, toi en bas, tout en bas, bien loin. Non, tes regrets viendront de l'intérieur pour macérer, empuantir, et pourrir. Un petit morceau de cadavre sera enterré en toi et te parasitera, se nourrira de ta mauvaise conscience pour cannibaliser de la place. Tu te hanteras toi-même.

Et si tu t'ouvres de ton mieux mais que les choses ne tournent pas comme prévu, si cette personne en fin de vie t'envoie bouler, tu auras fait le nécessaire, c'est-à-dire de ton mieux. Ce ne sera pas ta faute. Et peut-être sa réaction s'expliquera-t-elle par l'insoutenable douleur physique, ou la peur de la mort, ou les effets secondaires du traitement médical, la maladresse, une mauvaise interprétation de tes intentions, que sais-je. Alors, aie l'audace d'un *happy end*. Ce n'est pas la solution de facilité, mais elle t'épargnera des difficultés interminables et insolubles. Courage.

Tu l'as compris, maintenant, l'important n'est pas de décider ce que tu vas vivre puisque le résultat t'échappera toujours, mais de choisir comment tu vas l'interpréter et, *in fine*, le raconter. Parce que ton point de vue et ta narration colorent tes émotions, modèlent tes comportements et structurent ta réalité.

Si tu conçois ta vie comme un Livre, et même si tu ne l'écriras pas noir sur blanc, quelque chose te protège. Rien n'est inutile. Tout peut intégrer et embellir ton récit. Le plus inepte, le plus cocasse, le plus douloureux, le plus horrible peuvent servir de toile de fond ou de détail à ta fresque narrative en cours. Que vas-tu faire de ce coup de théâtre ? Comment vas-tu le rendre édifiant, ou désopilant ? Comment vas-tu le mettre en scène ? Comment vas-tu sculpter ce matériau ? Y feras-tu triompher l'absurde, l'ironie, le stoïcisme, le mélodrame ? À toi de jouer. De prendre la bonne distance pour écrire une belle page. Quoi qu'il puisse t'arriver, quelque échec, quelque drame, quelque deuil ou quelque humiliation, l'événement ne sera pas une fin en soi mais une nébuleuse d'émotions et de pensées à trier, élaguer, rassembler, transfigurer, pour qu'il en sorte un propos cohérent, édifiant, maîtrisé, sensible. L'écriture a TOUJOURS le dernier mot. De ton malheur, fais un beau Livre. Un bonheur pour les autres. Forcément un peu pour toi, aussi. Et rien dans la vie ne pourra t'abattre tout à fait. Tout comme ces auteurs qui racontent comment ils ont vécu l'enfer et sont parvenus à s'en sortir, tu comprendras que le propre de toute histoire, si horrible, confuse ou morne soit-elle, est de n'être vécue que pour être non pas ruminée, disséquée ou transformée, mais racontée.

ÉPILOGUE

Une histoire sans histoires

Tu vois ta vie comme une histoire à cause de la flèche du temps, avec le passé à gauche, le futur à droite, et toi au beau milieu. Mais l'absorption dans le présent gomme la flèche du temps… pour un temps. Le beau milieu se dilate et emplit tout l'espace. Tu ne racontes ni ce qui fut, ni ce qui sera, tu savoures ce qui est. Et tu te dis alors que la meilleure histoire est sans histoires. Pas de « il était une fois », de péripéties, mais « c'est ainsi », et pourvu que ça ne bouge pas trop…

Peut-être est-ce dans l'indifférence aux histoires que se dissimule la plus belle histoire, comme à la fin d'une pièce de Sacha Guitry, *Je t'aime*[1], consacrée à un homme et une femme qui tombent amoureux et réorganisent leur existence en en chassant les amitiés obsolètes et encombrantes. La comédie se termine par ces mots :

> « Comme les peuples heureux… il faut que notre amour n'ait pas d'histoire… Il faut que les autres n'y comprennent rien ! Tiens… il faut que si un jour un auteur

1. *Théâtre*, Tome 1, Omnibus, 2e éd., 2012.

dramatique a l'idée saugrenue de faire une pièce sur nous, sur notre amour… il faut que la critique puisse dire : "Ce n'est pas une pièce… il ne se passe rien… !" »

Peut-être le plus beau triomphe réside-t-il dans cette épitaphe qui est loin d'exprimer de la médiocrité, mais peut paraître enviable : « Une vie sans histoire ». En écho à la chanson de mon vieux Gainsbourg :

D'avoir vécu
Le cul
Dans l'herbe tendre
Et d'avoir su m'étendre
Quand j'étais amoureux
J'aurai vécu
Obscu-
R et sans esclandre
En gardant le cœur tendre
Le long des jours heureux[1].

Ou celle de Charles Trenet, qui évoque un couple d'amoureux au long cours :

C'est ici que s'arrête mon histoire
Aurez-vous de la peine à me croire
Si je vous dis qu'ils s'aimèrent chaque jour
Qu'ils vieillirent avec leur tendre amour

---

1. *L'Herbe tendre*, avec Michel Simon, 1968.

Qu'ils fondèrent une famille admirable
Et qu'ils eurent des enfants adorables
Qu'ils moururent gentiment, inconnus, oui
En partant comme ils étaient venus[1].

Peut-être rêvons-nous tous d'une vie sans histoire, c'est-à-dire ordinaire, banale, mais sans incident autre que son terminus. Peut-être que nous avons beau tous nous languir d'épopée, de célébrité, ou d'argent, ou de sexe à gogo, ou de postérité, tout ce que nous voulons, sans trop oser le dire parce que c'est peu glorieux, c'est vivre une vie humaine lambda. Laisser les sagas en pourboire aux conquérants de vent qui entendent prouver leur grandeur en emmerdant les gens. Oh, ne rien vivre que vivre ! Que c'est pantouflard ! Que c'est ronronnant ! Mais quoi de plus éloquent qu'un destin réduit à sa plus simple expression : que tu aimes, et qu'on t'aime. Et ne rien laisser d'autre derrière toi que quelqu'un, ou quelques-uns, qui se contenteront de la même chose. Sans tumulte, sans fracas, sans matière à constituer une biographie de huit cents pages ni un biopic. Juste s'en aller comme on était venu, loin de la poudre aux yeux, des leurres, des masques, des mensonges, mais juste dans un certain entre-soi familial, au pire amical, irremplaçable, indestructible et discret.

---

1. *La Romance de Paris*, 1941. Ce couplet n'apparaît pas dans la première version enregistrée.

NOTES

NOTES

NOTES

NOTES

NOTES

NOTES

NOTES

NOTES

NOTES

NOTES

Achevé d'imprimer en avril 2023
sur les presses de la Nouvelle Imprimerie Laballery
58500 Clamecy

N° d'impression : 304295

Imprimé en France

La Nouvelle Imprimerie Laballery est titulaire de la marque Imprim'Vert®

ISBN : 9782380157567
Dépôt légal : mai 2023